웬수같은 자식 마녀같은 엄마

제1판 1쇄 발행 2025년 05월 01일

지은이 유성오
펴낸이 태초에 말씀이
표지디자인 최민주
편집디자인 최성원
인쇄 삼보아트

펴낸곳 태초에 말씀이
주소 서울특별시 용산구 효창원로86길 60-7(청파동 2가)
이메일 kierkeka@naver.com
카카오톡ID healing8
등록 제2021-000050호

10대 자녀와 행복하게 살기

웬수같은 자식
마녀같은 엄마

유성오

관계소통
학업향상을 위한
부모자녀 심리학

태초에 말씀이

들어가는 말

사춘기에 접어드는 자녀들로 인해 어려움을 겪는 부모들에게 있어 가장 큰 고통은 아이의 시험 성적과 아이와의 의사소통 단절이다. 아이 양육 문제는 신앙생활과 무관하지 않다. 세상이 이끌어 가는 무한 경쟁의 틈바구니에서 경제적 낭비와 부모 자식 간의 불신으로 가정 자체가 고통스런 지옥으로 바뀌기도 한다.

아이를 향해 윽박지르자니 아이와의 관계가 악화되고, 그냥 하는 대로 두고 보자니 속이 까맣게 타들어 가고, 도대체 어찌해야 할지 몰라 하는 부모를 위해, 사춘기적 충돌과 공부로 인한 갈등의 원인을 분석해 주고 해결 방안을 제시해 줄 필요가 있다.

자녀 문제의 핵심에는 관계 방식이라는 중요한 요인이 놓여 있다. 세상적인 방식을 따를 것이냐 하나님의 방식을 따를 것이냐의 갈림길이다. 이 문제가 잘 다루어져야만 공부를 비롯한 자녀와의 갈등에서 해결점을 찾을 수가 있다.

이 책은 성경적 가치에 근거한 교육 철학과 심리학적인 대화 기법과 공부의 효과를 높이는 방법을 함께 결합하여 구성하였다. 이 책을 읽어 나감으로써 부모 스스로를 훈련하며 해결 방법을 찾아갈 수 있게 하는 방식으로 서술하였다 그래서 단순히 이론적인 지식 습득과 이해 차원에서 멈추는 것이 아니라 실제 상황에 적용함으로써 자녀와의 문제를 해결하는 차원까지 이르게 한다.

차례

들어가는 말

제1장 사춘기 자녀와의 의사소통
"애가 이상해졌어, 말이 안 통해."

01. 잔소리가 미치는 영향	13
02. 관계를 좋게 만드는 대화법	31
03. 실제 상황에서 대화해 보기	52

제2장 사춘기 자녀와의 갈등 해결
"애 땜에 미치겠어!"

04. 관계를 악화시키는 양육 방식	61
05. 성적에 대한 태도	80
06. 아이와 말 통하기	104

제3장 바람직한 양육 태도
"나 좋은 부모 맞어?"

07. 아이를 향한 부모의 평가　　　　　　127
08. 아이의 삶을 위한 진짜 실력　　　　　145

제4장 학업 지도의 왕도
"니 집 애는 공부 잘해?"

09. 공부의 장애물　　　　　　　　　　　167
10. 공부에서 효율을 높이기　　　　　　191
11. 부모를 위한 몇 가지 교훈　　　　　207
12. 교육에 대한 단상　　　　　　　　　220

제1장

사춘기 자녀와의 의사소통
"애가 이상해졌어, 말이 안 통해."

"세상에 잔소리 안 하고 어떻게 아이를 키울 수가 있지? 말도 안 되는 소리야." 전혀 잔소리를 안 하고 아이를 키우는 게 가능하지는 않을 것입니다. 부모의 잔소리가 부모와 아이의 관계에 독이 되는 이유는 그 잔소리가 담고 있는 '아이의 인격에 대한 비난과 평가' 때문입니다. 아이의 인격에 대한 비난과 평가가 감정적인 분노를 일으키는 것입니다. 따라서 잔소리를, 인격을 비난(평가)하지 않는 내용으로 바꾸어야 합니다. 비난과 평가를 담지 않은 잔소리를 훈육이라고 합니다.

01 잔소리가 미치는 영향

☞ 너희가 심판을 받지 않으려거든, 남을 심판하지 말아라. 너희가 남을 심판하는 그 심판으로 하나님께서 너희를 심판하실 것이요, 너희가 되질하여 주는 그 되로 너희에게 되어서 주실 것이다. (마태복음 7:1-2)

아이의 존재 가치는 부모가 정하는 게 아니다. 하나님이 정하여 주신 것이다. 따라서 아이가 부모의 기대에 맞게 따라 주지를 않는다고 해서 그 아이에게 화를 내고 비난할 권리가 부모에게는 없다. 아이의 존재 가치는 '부모의 기준과 욕구에 맞게 행동하고 있느냐'와는 전혀 상관없이 아이 자체에게 주어진 것이다. 아이가 부모의 기대치에 못 미친다고 아이를 구박하고 못마땅해 함으로써 아이의 자존감을 손상시키는 것은, '아이를 위해서'라는 명분으로 위장된 부모 잘못일 뿐이라는 사실을 인정해야 한다. 적어도 아이의 원래 부모는 하나님이시고, 하나님의 소중한 아이를 내게 맡기셨다는 사실을 믿고 고백하는 부모라면 더욱 그렇다. 아이의 미래는 부모인 내가 결정하고 책임질 수 있는 게 아니라, 하나님께 속한 것이다.

☞ 다음 문장을 완성해 봅시다

아이를 보면 나는 _____
예) 행복하다. 걱정된다. 화가 난다. 속이 상한다. 귀찮다 등등 처음 아이가 태어났을 때를 기억해 보면 대부분의 사람들이 행복한 느낌을 많이 떠올리게 됩니다. 아이의 손가락 움직임 하나도 그렇게 사랑스럽고 좋을 수가 없습니다. 아이의 잠든 모습을 보고 있노라면 꼭 천사를 보고 있는 것 같다고 말하는 엄마들도 종종 봅니다. 부모에게 아이는 너무나 큰 선물이요 보물입니다.

학교 들어가기 전 아이가 한참 어렸을 때에 아이를 바라보면서 자신의 심정이 어떠했는지를 기억하다 보면, 지금 아이를 보면서 품게 되는 생각과 감정들이 그 때와 너무도 달라졌음을 발견하게 되지 않습니까? 어쩌면 섬뜩하리만치 아이에 대한 태도가 달라져 있는지도 모르겠습니다.

어렸을 때는 그렇게 귀엽고 똘똘하게만 보이던 아이가, 수년간의 학교생활을 거치고 나서 이제 전혀 다르게 보이고 있다면, 이는 부모가 바뀐 것일까요, 아이가 바뀐 것일까요? 부모에게 그 원인이 있는 것일까요, 아이에게 그 원인이 있는 것일까요?

☞ 내가 우리 아이에게 가장 많이 하는 말은_____

①
②

잔소리의 시작

어렸을 때 아이에게 많이 하던 말은 무엇이었는지 생각해 봅시다. 지금 아이에게 가장 많이 하는 말과 비교해 보면 어떤 차이가 있는지 곰곰이, 심각하게 생각해 볼 필요가 있습니다. 어렸을 때는 아이에게 칭찬과 사랑의 표현을 많이 하였습니다. 하지만 지금은 책망과 비난의 표현을 많이 하고 있지 않습니까? 무엇이 이런 차이를 가져오게 했는지 그 이유를 설명하실 수 있습니까?

그 이유는 너무도 단순합니다. 그것은 바로 성적입니다. 아이가 학교에 가기 전에는 아이가 뭔가를 배우는 것이 너무도 신기하고 자랑스러웠습니다. 그래서 아이가 새로운 행동이나 말을 할 때마다, 정말 누구네 집 애나 다 하는 것임에도 불구하고, 마치 자기 애만 그런 것처럼 너무도 자랑스럽게 이 사람 저 사람을 붙들고 입에 침이 마르도록 감탄을 늘어놓습니다.

그러나 학교에 들어가면서 아이와 함께 성적과 점수라는 것이 부모에게 다가오기 시작하는 순간부터, 교육을 한다고 하는 사람들이 아이에게 점수와 등수를 매기기 시작하는 순간부터, 부모의 자랑스러움은 불안과 두려움으로 바뀌기 시작합니다. 우리 아이가 처지면 어쩌지. 다른 애들보다 공부를 더 못하면 그래서 나중에 사회적으로 낙오자가 되어 버리면, 걱정이 슬금슬금 자라납니다.

거기다가 아이를 위해 뭔가 부모로서 해 줘야 할 것들이 있음을 자상하게(?) 늘어놓는 교육 장사치들이 주변에 나타나기 시작합니다. 그들의 현란한 설명은 너무도 권위 있게 느껴져서 지금까지 생각 없이(?) 넋을 놓고 아이만 예뻐하고 있었던 부모로서의 자신을 초라하고 부끄럽게 만듭니다. "애를 위해서 최소한 이 정도는 뒷바라지 해야지요." 그 말이 부모의 마음을 강하게 치고 들어옵니다.

게다가 옆집 엄마들의 교육에 대한 수다나 소위 강남 엄마들의 아이를 위한 교육 스케줄에 대한 얘기를 풍문으로 주워듣게 되면, 부모의 스트레스 수치가 급상승하면서 어찌해야 하나 초조함까지 몰려옵니다. 그러면서 이것저것 아이에 대한 부모의 요구와 기대치가 생겨나게 되고, 부모의 입에서는 아이를 향한 칭찬과 사랑의 말보다는 책망과 비난의 말이 더 많아지게 됩니다. 소위 부모의 요구와 기대치에 도달하지 못하고 있는 아이를 향한 잔소리가 시작되는 것입니다.

잔소리의 이유

엄마들이 모였다. 공부를 죽어라 안 하는 자식에 대한 성토와 탄식이 이어지는 가운데, 게 중에서 그래도 애가 꽤나 공부를 잘함에도 불구하고 유별나게 안달하는 엄마를 보고 친구들이 물었다.

"니집 애는 공부도 잘하는데 머 그리 난리냐?"

그러자 미안한 듯 어색하게 웃으면서 변명을 한다.

"내가 안달 안 하면, 지금 하는 정도도 안 할까봐 걱정이 돼서 그렇지 뭐."

엄마는 어떡해서든 자신이 안달이라도 해야, 그나마 애가 공부를 하는 척이라도 할 거 아니냐는 신앙에 따라 자기도 하고 싶지 않은 잔소리를 마다하지 않는다. 애는 애대로 하고 싶던 공부도 엄마가 옆에서 잔소리하면 하기 싫어진다는 불만을 터뜨리며 엄마와는 담을 쌓고 산다. 엄마와 자식 간의 의사소통이 단절된 것이다.

잔소리의 목표는 아이의 행동 변화입니다. 즉 아이가 잘되도록 하기 위해서 하는 것입니다. 하지만 아이를 위한다는 부모의 말 이면에는 부모의 숨겨진 욕구가 있게 마련입니다. 잘난 자식을 두고 싶다는 부모의 욕구 말입니다. 아이가 공부 잘하게 해야 하겠다는 부모의 생각은 아이가 나중에 잘살아 가도록 하기 위해서 아이를 준비시켜야 하겠다는 생각에서 시작됩니다. 공부 잘하는 아이가 지금도 행복하고 나중에 어른이 되어서도 행복하게 될 것이라는 믿음은 아이의 생각이 아니라, 부모의 생각입니다. 사실은 아이가 어려서 뭘 모르니까 아이의 생각은 그다지 심각하게 고려하지 않아도 된다는 부모의 독단이 자신의 욕구를 아이의 욕구로 투사시키고 있는 것입니다.

공부 잘하는 아이라는 부모의 욕구가 이루어져야 하기 때문에 부모는 아이를 향해 끝없이 잔소리를 퍼부어 댑니다. 우리의 상황을 제대로 보기 위해서는 아이를 위해서라는 부모의 믿음을 잠시 내려놓을 필요가 있습니다. 그리고 잔소리를 퍼부어 대게 만드는 이 욕구에 대해 좀 더 솔직하게 직면할 필요가 있습니다. 부모로서 아이를 잘 키우겠다는 게 무슨 잘못이냐며 회피할 일이 아닙니다. 잔소리는 잘난 자녀 두고 싶다는 부모의 욕구 충족을 위한 것입니다. 아이 자신의 욕구 충족을 위한 것이 아니라는 사실을 인정할 필요가 있습니다. 그래서 서울대 몇 명 보낸 엄마의 수기 같은 책들이 서점가에서 잘 팔리는 것입니다. 아이들이 그런 책을 읽고 싶어 하지는 않습니다.

☞ 만일 내가 잔소리를 안 한다면 우리 아이는 어떻게 될까?

① 공부를 더 안 할 것이고 성적이 떨어질 것이다.
② 아이와의 관계가 좋아질 것이다.

③ 성적에 그다지 변화가 없을 것이다.
④ 장기적으로 성적이 오를 것이다.

기타 _____

과연 잔소리는 부모가 기대하는 만큼 성과를 올리고 있을까요? 실제로 잔소리가 내고 있는 확실한 성과는 성적의 향상보다는 아이와의 관계 악화입니다. 어려서는 그렇게 의지하고 사이가 좋았는데, 이제는 '웬수 같은 자식, 마녀 같은 엄마'라는 말이 어울리는 관계로 전락하고 말지는 않았는지요.

잔소리의 결과

'공부 왜 안 하냐?'는 외침과 '맨날 공부만 하래.'라는 외침이 서로 부딪히면서 가정은 더욱 공부하기 싫은 장소로 자리매김되고 만다. 집과 엄마를 떠올리면 힘이 나고 공부를 해야겠다는 의욕이 일어서는 것이 아니라, 오히려 공부에 대한 혐오감과 부정적 감정만을 키워 준다. 그래서야 공부가 제대로 되겠는가? 설령 공부한다고 책상머리에 앉아 있어도 효과가 얼마나 나겠는가? 득보다는 실이 훨씬 많다.

잔소리는 아이의 행동에 변화를 일으키는 데 실패합니다. 왜 그럴까요? 잔소리에는 아이에 대한 비난과 평가가 담겨 있습니다. 즉 아이의 자존감에 상처를 주는 것입니다. 화를 참지 못하고 부모는, 아이를 향해 무책임하다,

한심하다, 게으르다, 생각이 있냐 없냐, 어째 맨날 그 모양이냐 등등 아이의 인격을 건드리는 표현을 사용하게 됩니다. 부모의 기대(욕구)와는 달리 아이는 자기의 욕구대로 행동하고 싶어 하기 때문입니다. 그러니 부모의 욕구(공부)와 아이의 욕구(놀기)가 다르다는 사실이 부모에게는 항상 불만일 수밖에 없습니다. 잔소리를 통해 부모는 '어떻게 네 욕구가 나의 욕구와 다를 수가 있냐?'고 윽박지르며 비난하고 있는 것입니다.

 직장이나 학교나 가정이나 어떤 집단에서든 간에, 누군가가 자신을 비난하는 소리에 솔깃해서 잘해 보겠다고 마음을 고쳐먹는 경우는 거의 없습니다. 오히려 비난하는 사람에 대한 감정만 나빠지게 됩니다. 자기의 힘이 약하니까 그냥 수긍하고 따르는 척하는 겁니다. 게다가 잔소리를 하는 부모 역시 감정이 좋을 리가 없습니다. 부모는 잔소리를 하면서 스스로 화를 키우며 속상해 합니다. 아이는 부모의 말을 무시하면서 딴청을 하거나, 말대꾸하면서 대들게 됩니다. 아이가 나이를 먹으면 먹을수록 부모를 향한 반항의 강도는 수위를 높여 갑니다. 대개의 경우 그 반항의 본색은 중학교 2학년쯤에 나타납니다. 부모의 기대나 예상과는 달리 잔소리가 아이의 행동 교정에 별로 도움을 주지 못합니다. 초등학교까지는 부모의 힘(부모가 나를 버릴지도 모른다)에 눌려 잔소리를 따르기도(좀 더 정확히 말하자면 따르는 것처럼 보이기도) 하지만, 부모로부터 독립이 시작되는 사춘기에 들어서면 서서히 반항하기 시작합니다. 부모와의 힘겨루기가 점점 극에 달하면, 나중에는 가출하겠다며 오히려 부모를 협박하기도 합니다. 이 때쯤이면 아이는, 자식을 버릴 수 없다는 부모의 약점을 이미 다 꿰뚫고 있는 것입니다.

 결국 잔소리는 아이의 행동 변화라는 부모의 욕구 충족보다는 부모와 자녀 사이에 관계 악화, 의사소통 단절, 스트레스 유발이라는 부정적 결과만을 가져다주게 됩니다. 사랑스럽고 행복하기만 했던 아이와의 관계는 파탄에 이릅니다. 아이의 존재가 부모에게 불행의 요인이 되어 버린 것입니다. 무자식이 상팔자. 인간에게 있어서 불행의 진정한 원인은 부족한 돈 때문이 아닙니다. 가장 가까운 사람과의 불화 때문에 인간은 불행합니다. 가장 가까운 혈육인 자녀와의 불화는 가정을 지옥으로 만들고 삶의 전체적 질을 저하시킵니다. 이는 결단코 돈으로 해결할 수 있는 문제가 아닙니다.

아이의 생각

아이 입장에서는 정말 자식의 속도 모르고 그저 괴롭히기만 하는 악마와 같은 존재로 부모가 보일 수도 있다. 나를 위해서라고 하지만 사실은 공부 잘하는 자식을 둔 엄마(아빠)라는 명성을 위해 나를 가혹하게 다루고 있다는 분노에 찬 생각을 품게 될지도 모를 일이다. 그런 상황에서 과연 공부라는 비즈니스를 위한 상생적 협력과 에너지가 만들어질 수 있겠는가? 장기적인 안목에서 볼 때, 정말 공부라는 비즈니스를 성공적으로 해내고 싶다면, 이제라도 성적 향상보다는 서로를 향한 거부감과 불신감의 치유 쪽으로 우선순위를 옮기는 것이 보다 현명한 처사가 아닐까? 성적 향상이 아니라, 관계 개선이 우선이다.

잔소리에 대한 아이의 반응에는 무시하는 부모에 대한 보복이 깔려 있습니다. 그래서 부모의 말을 일부러 불복종(아무리 잔소리를 해도 행동을 결코 바꾸지 않음)함으로써 부모의 울화를 유발시켜서 부모가 힘들어 하도록 만듭니다. 아무리 잔소리해도 바뀌지 않는 아이의 행동에 대한 좌절, 아이를 통제할 수 없다는 무력감, 아이가 부모를 우습게 여긴다는 생각에서 오는 분노, 이런 것들을 통해 부모의 자존감에 상처를 주는 것입니다. 아이의 이러한 대응에는, 부모의 잔소리가 담고 있는 비난 때문에 받은 상처를 그대로 돌려주려는 보복의 논리가 작용하고 있습니다.

"세상에 잔소리 안 하고 어떻게 아이를 키울 수가 있지? 말도 안 되는 소리야." 전혀 잔소리를 안 하고 아이를 키우는 게 가능하지는 않을 것입니다. 부모의 잔소리가 부모와 아이의 관계에 독이 되는 이유는 그 잔소리가 담고 있는 '아이의 인격에 대한 비난과 평가' 때문입니다. 아이의 인격에 대한 비난과 평가가 감정적인 분노를 일으키는 것입니다. 따라서 잔소리를, 인격을 비난(평가)하지 않는 내용으로 바꾸어야 합니다. 비난과 평가를 담지 않은 잔소리를 훈육이라고 합니다. 훈육에 담을 내용은 다음과 같습니다.

첫째 보편적인 행위 기준을 제시합니다.
둘째 부모의 걱정이나 바람을 표현합니다.

밖에서 일을 보고 돌아왔더니 아이가 숙제를 해 놓지 않았습니다. 부모의 입장에서 어떤 말을 할 수 있을까요?
- 숙제를 안 하고 놀기만 했어, 너 어쩔려구 그러냐?
부모라면 누구나 흔히 보일 수 있는 반응입니다. 이러한 반응이 아이에게 어떤 식으로 전달되는 것인지 이해하기 위해 이 말에 담긴 의미를 분석해 보면 다음과 같습니다.

숙제를 안 하고 – 사실에 대한 기술입니다.
놀기만 했어 – 아이에 대한 비난과 빈정거림이 담겨 있습니다.
너 어쩔려구 그러냐 – 한심한 인간이라는 평가가 담겨 있습니다.

우선 사실에 대한 지적이 필요합니다. 숙제를 안 했다는 점을 아무런 비난과 평가 없이 말할 수 있습니다. 분노나 실망이나 비난 등의 감정을 담지 않고 말입니다. 그냥 있는 그대로 기술하는 것입니다.

- 숙제를 안 했구나.

그 다음에는 숙제를 해야 할 이유로서 보편적 기준을 제시할 수 있습니다. 사람은 누구나 어떤 공동체에 속해 있는 한 마땅히 지켜야 할 규칙이 있게 마련입니다. 그 규칙을 일깨워 주고 지킬 것을 요구하는 것입니다.

- 학생이라면 선생님이 내준 숙제를 하는 게 옳아(원칙이야).

그리고 부모의 걱정이나 바람을 표현할 수 있습니다. 그러한 행동이 가져올 결과에 대한 부모의 안타까움과 우려를 아이에게 전달하는 것입니다. 여기에는 부모의 아이에 대한 관심과 애정이 담겨 있습니다.

- 네가 숙제를 안 해서 필요한 지식을 얻지 못할까봐, 그래서 친구들보다 뒤떨어질까봐 걱정이 된다.

아이의 인격에 대한 비난과 평가를 담지 않고 아이의 행동을 지적하고 고쳐야 할 이유를 제시하는 것이 핵심입니다.

☞ 우리 아이의 하루 평균 공부 시간(학교, 학원 수업, 숙제하기 모두 포함)은 _____ 시간이다.

부모로서 아이의 공부 시간에 만족하십니까? 거의 모든 부모들이 아이의 공부 시간에 만족하지 못할 것입니다. 부모들에게는 아이의 공부 시간이 항상 2% 정도 부족하다고 여겨집니다. 그리고 부모로서 그런 나의 기대는 결코 지나치지 않은 것이라고 모든 부모가 굳건히 믿고 있습니다. 이는 아이의 성적 순위와는 상관없이 모든 부모들의 공통된 마음입니다.

아이들은 보통 학교에서 하루에 6시간 내지는 7시간씩 수업을 합니다. 중고등학교에 가면 방과 후 자율 학습 시간들이 더 생겨나기도 합니다. 학교에서 수업하는 시간은 부모들이 생각하기에 공부하는 시간이 아닙니다. 방과 후에 수영이나 피아노나 태권도 등 건강이나 교양을 위한 학원에 다닙니다. 이 시간 역시 부모들이 보기에는 공부하는 시간이 아닙니다. 아이들의 입장에서도 그럴까요? 학교 수업, 수영이나 피아도 학원 모두가 아이들에게는 너무도 분명한 공부 시간입니다. 사실 대한민국의 모든 아이들은 이미 하루 8시간 노동이라는 근로기준법의 노동 시간을 넘겨서 공부(노동)를 하고 있습니다.

부모들이 아이에게 하는 얘기는 흔히 이런 식입니다.

- 1등은 바라지도 않는다. 중간(부모의 기대치)만 해라.

사실 중간만 하라는데 그게 큰 요구냐고 부모는 반문합니다. 하지만 아이의 입장에서는 꼴등도 있는데 중간씩이나 하라고 하면서 어떻게 그게 과한 것이 아니냐고 속으로 반문합니다.

왜냐하면 이렇게 말하는 부모도 있기 때문입니다.

- 중간까지도 바라지 않아, 꼴등만 면해라.

부모의 기대치는 항상 아이들의 생각보다 더 높게 책정되어 있게 마련입니다. 그래서 부모는 아이를 볼 때마다 부족하다고 느끼면서 '조금만 더, 조금만 더'라고 재촉합니다. 그러면서도 늘 내가 요구하는 게 과한 게 아니라고 주장합니다.

학교 성적이 전교 5등으로 떨어졌다고 자살하는 애도 있습니다. 하지만 꼴등은 절대로 자살하지 않습니다. 아이 보고 "꼴등하느니 차라리 자살해 버려!"라고 말하는 대단한(?) 부모는 거의 없으리라고 여겨집니다. 아이가 자살 안 하는 것만 해도 큰 은혜가 아닌가 생각됩니다. 아이가 전교 5등하고 자살하기를 원하십니까, 아니면 꼴등하고 살아 있기를 원하십니까? 물론 전교 5등하면서 자살 안 하기를 원하겠지요. 이것이 바로 문제의 핵심인 부모의 욕구입니다.

적당히?

우리가 흔히 쓰는 표현 중에 '적당히'라는 말이 있다. 커피에 설탕을 타는데 '적당히 넣어라.'라고 요구했다고 하자. 도대체 몇 숟갈을 넣어야 할까? 한 숟갈을 넣었더니 어떤 친구는 좋아하고 다른 친구는 너무 쓰다고 투덜대고 제각기 다르게 반응을 보인다. '적당히 하라.'는 말이 듣기에는 아주 그럴 듯하나, 실제적인 행동으로 옮기는 데에는 어려움이 많다.

아이의 공부하는 모습에 너무나도 굶주려 있는(?) 부모들은 자녀에게 늘 이렇게 타이른다.

"너무 노는 거 아니니? 적당히 놀고 공부 좀 하지?"

반면에 항상 성적이라는 무거운 짐을 내려놓지 못하고 사는, 공부에 지친 애들은 즉각 이렇게 반응한다.

"얼마 놀지도 못했는데 또 공부하라고... 지겨워 죽겠어."

부모에게는 자녀의 공부가 항상 반짝 공부이고 쥐꼬리만큼 하다가 마는 것으로 보인다. 부모의 마음은 공부 기대치를 항상 상향 조정하려는 성향을 가지고 있다. 하지만 애들에게는 노는 것이야말로 반짝이고 쥐꼬리만큼이다. 그래서 '맨날 공부만 하래.'라며 볼멘소리를 해 대는 것이다. 아이의 마음은 공부 기대치를 하향 조정하려는 성향을 가지고 있기 때문이다. 이러한 간격을 그대로 놓아둔 채 서로를 향해 '적당히'라고 아무리 외쳐 봐야, 서로가 상대방에 대한 불신과 원망을 키워 갈 뿐이다.

부모의 기대치는 항상 높을 수밖에 없습니다. 항상 자기 아이보다 나은 아이에다 기준을 두고 생각합니다. 상대적 불행의 법칙에 빠져 있는 것입니다. 부모의 기대는 항상 아이의 현실보다 높게 책정되어 있습니다. 우리 아이보다 상대적으로 더 나은 아이를 항상 비교 기준으로 선택하기 때문입니다. 그래서 부모는 불행합니다. (인간의 불행은 비교로부터 시작된다. - 키르케고르)

그러다 보니 대부분의 가정에서 아이는 부모의 기대에 못 미칠 수밖에 없는 숙명에 처해 있습니다. 아이가 기대에 못 미치면 부모는 이를 받아들이지 못하고 실망해서 아이를 비난하거나 죄책감을 유발하는 말을 하게 됩니다. 연약한 아이는 부모를 실망시키는 존재라며 스스로를 자학적으로 규정하고 자신에 대해 실망하게 됩니다. 도저히 부모의 기대치를 충족시켜 줄 수 없다고 판단한 아이는 도피 방법을 강구합니다. 그래서 과제를 잊어버리거나, 학교생활을 소홀히 하거나, 몸이 아프다고 등교를 기피하는 등, 나쁜 성적에 대한 책임 회피를 위한 명분을 쌓기 위한 시도들을 합니다.

이러한 상황이 지속되면 아이는 나중에 어른이 되어서도 스스로 과제를 해결하는 자발적 능력과 자존감을 제대로 갖추지 못한 병약한 존재가 되어 버리기 쉽습니다. 그래서 자기에게 주어지는 과업에 대해서 화를 내고 거부하려 하거나, 나는 도저히 할 수 없다는 무능감에 빠져 회피하려 하는 모습을 보이게 되는 것입니다. 그나마 괜찮은 경우는 부모에게 반항하며 대드는 것입니다. 자기 자존감을 위해 부모를 향해 대드는 것이지요. 그러는 엄마(아빠)는 뭐 잘했다고 그러느냐는 식으로 공격함으로써 스스로 살 구멍을 찾는 것입니다. 이것조차 안 되는 아이들이 선택하는 최악의 경우가 바로 자살입니다.

불행의 원인은 비교에 있다는 말이 있습니다. 가장 나쁜 경우가 남과 비교하는 것입니다. 남보다 우위를 차지함으로써 자기 행복을 얻을 수 있다는 믿음 때문입니다. 그런데 이 경우의 문제는 항상 남의 것이 커 보인다는 점입니다. 그러니 이런 사고방식을 버리지 않는 한 결코 행복해질 수가 없습니다. 그 무엇을 손에 넣어도 넣는 순간부터 행복은 사라지기 시작합니다. 게걸스럽게 자기보다 더 나은 대상을 발견해 내고 비교하기 때문입니다. 그래서 계속 불행이 이어집니다. 이것이 상대적 불행의 법칙입니다.

또 하나는 자신의 과거와 비교하는 것입니다. 자기 발전의 정도를 보고서 행복해 하는 것입니다. 하지만 자기 발전이라는 것에도 한계가 있게 마련입니다. 재산이 늘어나면 즐겁습니다. 문제는 시간이 흐를수록 늘어나는 재산의 양과 행복의 양이 비례하지 않는다는 것입니다. 마치 마약이 처음에는 소량으로도 쾌감을 주지만 복용이 되풀이될수록 같은 양에서 얻을 수 있는 쾌감의 정도가 감소되는 것처럼 말입니다. 이것이 바로 한계 쾌락 체감의 법칙입니다. 그러다 보니 시간이 갈수록 더 많은 양의 마약이 필요하듯이 더 많은 양의 자기 발전이 요구되는 것입니다. 그러나 마약의 양을 늘려 가듯이 자기 발전의 양을 늘려갈 수는 없습니다. 설령 그럴 수 있다 하더라도 언젠가는 마약의 노예가 되어 폐인이 되듯이 갈수록 강렬해지는 자기 발전에 대한 집착이 마음을 피폐하게 하여 불행해질 수밖에 없습니다. 비교가 때때로 발전을 가져다주는 계기가 되기도 합니다. 그렇다고 행복까지도 가져다주는 것은 아닙니다.

☞ 당신은 아이에게 어떤 말로 자주 반응합니까?

① 벌써 다했냐? 공부 시작한 지 얼마나 되었다구.
② 공부하느라 애썼다. 열심히 하니까 보기 좋다.

아이가 공부한다고 들어가서 15분 만에 나왔습니다.
- 15분이 뭐냐? 그것도 공부라고 한 거냐?
부모의 이런 태도에 대해 아이가 이렇게 받아들일까요?
- 그래 15분은 너무했어. 다음부터는 한 30분 정도는 해야지.
그건 어디까지나 부모의 상상이며 기대일 뿐입니다. 아이는 속으로 이렇게 반응합니다.
- 그래 알았어. 다음부터는 안 하면 될 거 아니야. 다시는 내가 공부하나 봐라. 공부해도 난리야.
어쨌든 15분이라도 했다는 점에 초점을 맞추고 격려해 주는 것이 다음번에 아이에게 계속 공부할 수 있는 상황을 만들어 주는 데 도움이 됩니다. 안 하는 것보다는 15분이라도 하는 게 더 낫습니다. 아이가 한 만큼에 대해 칭찬하고 격려해 주면, 아이는 자기 스스로에 대해 긍정적인 마음을 갖게 됩니다. 자기가 한 공부에 대해서도 좋은 감정을 연결시키게 되며(공부를 좋아하게 되며), 기분이 좋아지고 자존감이 높아지면서 서서히 공부하는 시간을 늘려 나갈 수 있다는 점을 잊지 마십시오. 설령 부모의 기대만큼 공부 시간이 늘어나지 않는다 하더라도 아이의 평생에 힘과 에너지가 될 수 있는 부모와의 친밀한 관계와 자존감의 형성이라는 큰 보물을 얻을 수 있지 않습니까? 부모가 정한 아이의 성취 기준이 아니라, 아이가 행한 노력 자체에 초점을 맞추십시오. 그래야 아이의 자존감이 향상 됩니다. 그래야 자발적으로 일을 처리할 수 있는 능력이 향상 됩니다. 그래도 뭔가 아쉽다면 이렇게 한마디 덧붙이십시오. "다음번에는 좀 더 할 수도 있을 것 같은 느낌이 오는데…"

부모의 기대치

많은 것을 기대하지 말자. 아이에 대한 기대치를 좀 낮추자. 그리고 아이와 함께 공부에 도움이 될 만한 일을 찾아보자. 공부를 많이 하는 아이라는 관점에서, 그래도 꾸준히 조금씩이라도 하는 아이라는 관점으로 시각을 돌려 보자. 그러면 아이를 칭찬하고 긍정적으로 대할 수 있는 여지가 생기게 된다.

☞ 당신의 선택은, 자녀의 성적입니까, 자녀와의 관계입니까?

① 자녀의 성적이다.

② 자녀와의 관계다.
③ 자녀의 성적, 자녀와의 관계 모두다.

당연히 ③번을 선택했을 것입니다. 그렇다면 자녀의 성적과 자녀와의 관계 둘 다 성공할 수 있는 방법이 무엇인지 생각해 보십시오.

_____

_____

성적이 좋아지면 자녀와의 관계가 좋아질 것이라는 논리가, 많은 부모들이 취하고 있는 입장입니다. 그래서 '공부만 잘하면 내가 뭘 못해 주랴.'라는 말을 하기도 합니다. 하지만 아이들의 입장은 '내가 공부하는 기계냐?'입니다. 아이의 행복을 위해서 공부 외에는 다른 것을 생각해 볼 여지가 별로 없다는 것이 부모들의 생각이지만, 아이들은 그런 부모의 생각에 동의하지 않습니다. 부모 자녀의 관계가 나빠지는 것은 아이들이 공부를 안 하기 때문이며, 따라서 그 원인 제공은 1차적으로 자녀에게 있다는 부모의 주장 역시 아이들은 동의하지 않습니다. 그러니 아이의 성적을 올려서 부모 자녀의 관계를 좋게 만들겠다는 부모의 방법은 성공할 확률이 거의 없습니다.

사실 우리가 믿고 있는 것처럼 성적이 자녀의 미래 행복을 보장해 주는 것은 아닙니다. 일류 대학 나와서 박사까지 취득하고 능력 있는 남편 만나 최고급 아파트에 입주해서 아들딸을 낳고 살지만 우울증에 빠져 집구석에서 죽지 못해 하며 살고 있는 여자도 있습니다. 의대, 법대 나와서 의사, 검사가 되어 남들 보기에는 으스대고 있지만, 아내와 아들과 원수가 되어 지옥 같은 결혼생활을 하는 남자도 있습니다. 어떻게 해서 돈과 지위를 차지하기는 했는데, 인생에서 진짜 중요한, 행복한 삶을 살 수 있는 능력과 힘을 기르지 못했기 때문입니다.

　삶을 행복하게 살 수 있는 능력은 성적에서 오는 것이 아닙니다. 성적이 좋으면 세상에서 경쟁하는데 좀 더 유리한 위치를 차지할 수도 있습니다. 그러나 자기가 행복해지는데 있어서도 유리한 위치에 있게 해 주는 것은 아닙니다. 오히려 그 성적을 올리려 애쓰느라 행복해질 수 있는 능력을 키울 수 있는 기회를 상실하게 되는 경우가 더 많이 있습니다.

　행복할 수 있는 능력은 성적보다는 부모와의 좋은 관계에서 비롯됩니다. 그리고 부모와의 좋은 관계가 공부를 좋아하게 될 수 있는 가능성도 확대시켜 줍니다. 부모와의 관계가 좋아야 자존감과 도전 의욕도 살아납니다. 게다가 자기가 좋아하는 사람이 원하는 것을 하고 싶어지는 게 사람의 마음이기에, 부모와 관계가 좋으면 부모가 기대하는 바에 대해 귀를 기울이게 됩니다. 부모가 걱정하는 공부라는 것에 대해 진지하게 임할 가능성이 높아진다는 얘기입니다.

　세상일은 무엇이든지 본인이 진정 좋아하면 잘하게끔 되어 있습니다. 그게 일반적입니다. 공부도 마찬가지입니다. 공부를 잘하면 관계가 회복되는 게 아니라, 관계가 좋아지면 공부에 대한 의욕도 커지게 마련입니다. 그러면 공부를 잘할 수 있는 여지도 늘어납니다. 그래서 부모와의 좋은 관계 회복이 성적의 향상을 가져올 수가 있다는 얘기입니다. 부모의 지지와 격려, 부모와 자식 사이의 친밀한 관계야말로 아이가 평생 행복한 삶을 잘살아 가게 하는 진정한 힘과 능력이 되는 것입니다.

02 관계를 좋게 만드는 대화법

☞ 또 아버지 된 이 여러분, 여러분의 자녀를 노엽게 하지 말고, 주님의 훈련과 훈계로 기르십시오. (엡6:4)

당신에게 가장 익숙한 하나님의 모습은 어떤 것인가? 당신을 향해서 화난 표정과 몸짓으로 질책하는 모습인가? 오늘은 또 무슨 실수를 하고, 어떤 잘못을 저질렀는지를 계속 지적하면서 언제나 철들 거냐고 다그치는 분으로 당신의 머릿속에 그려져 있는가? 그렇다면 당신의 인생은 그 어떤 환경과 조건이 갖추어진다고 해도 불행할 수밖에 없다. 아무리 좋은 집에 비싼 차에 남들이 다 부러워하는 직장에 다니고 있다 할지라도 당신은 결코 행복할 수 없을 것이다. 행복과 불행은 물질적 환경이나 조건이 아니라, 내가 가장 중요하게 생각하는 사람과의 관계에 달려 있기 때문이다.

물론 하나님이란 존재가 당신에게 어떤 의미를 갖고 있느냐가 우선적으로 고려되어야 할 것이다. 그러나 아무리 하나님을 부인한다고 해도 그 존재가 내 의식에서 완전히 사라져 버리는 것은 아니기 때문에 하나님을 믿건 안 믿건 간에 하나님에 대한 이미지가 당신에게 영향을 줄 수밖에 없다. 문득 이러다가 내가 정말 지옥에 떨어지는 건 아닐까, 하나님의 노여움을 사서 죽을 병에 걸리거나 치명적인 사고를 당하는 건 아닐까 하는 불안으로부터 어떤 인간도 완전히 자유로울 수가 없는 것이다.

아이들도 마찬가지다. 아이에게는 부모가 하나님의 역할을 한다. 아이들의 불행은 아이에게 주어지는 물질적 환경보다는 아이가 갖고 있는 부모에 대한 이미지에 의해서 결정된다. 아이들이 자신의 삶에 대해 노여워하는 것은 부모가 자기를 비난하고 공격하기 때문이다. 어려서는 힘이 없는 처지이기에 부모의 말투에서 묻어나는 비난과 공격에 대해 아무 소리 못하고 쥐 죽은 듯이 복종하며 지낸다. 몸이 자라고 머리가 크면서 뭔가 세상 돌아가는 이치를 알게 되는 청소년기에 접어들면서부터는 대놓고 반격하기 시작한다. 이때부터 부모는 아이가 달라졌다고 이상해졌다고 탄식하기 시작한다. 그러나 아이는 이미 자기 부모가 말이 안 통하는 상대라고 결론을 내렸다. 엄마 아빠는 내 맘을 너무도 모른다고 그래서 나는 불행하다고 외치는 아이에게, "뭐가 부족해서 그러냐, 내가 어릴 때는 꿈도 못 꾸던 환경을 제공해 줬는데..."로 이어지는 부모의 항변은 더 이상 씨알도 먹히지 않는다.

☞ 아이와의 대화가 잘되지 않는다. 그 이유는?

아이가 자기 해야 할 일을 제대로 하지 않기 때문이다.　_____
내가 부모로서 제대로 돌보고 교육하지 못하기 때문이다.　_____
가치관의 차이 때문이다. 달라도 너무 다르다.　_____
서로의 욕구를 전달하고 수용하는 소통 방식에 서툴다.　_____

그 밖에 _____

- 대화란 얘기를 나누는 것이다. 얘기를 나누어서 누구의 말이 더 옳고

그른지를 따져 보는 것이다.

이게 자녀와의 대화에 대한 부모의 입장입니다. 그래서 부모는 아이를 위해서 필요하고 옳은 것에 대해 얘기해 주고 싶어 합니다. 아이가 잘못한 부분에 대해 지적해 주고 아이가 잘못을 고쳐서 더 좋은 삶을 살 수 있도록 이끌어 주고 싶습니다. 그리고 그런 부모의 말에 담긴 진정성을 아이가 깨닫고 기꺼이 따라 주기를 원합니다. 그런데 아이는 부모의 옳은 얘기에 대해서조차도 귀를 기울이지 않습니다. 부모로서는 미치고 환장할 일입니다.

대화에 대한 또 다른 견해가 있습니다.

- 대화는 감정을 나누는 것이다. 서로가 함께 있음으로써 상대의 감정과 상황에 대해 공감하는 것이다.

우리 아이는 지금 무슨 생각을 하며 어떤 감정을 느끼고 있는 것일까요? 아이를 위해 필요한 정보를 주고 아이를 가르치고 싶은 부모의 욕구를 잠시 뒤로 미루고, 내 아이의 심정에 대해 초점을 맞추어 보십시오. 아이가 지금 무엇 때문에 힘들어 하고 있는지에 관심을 기울여 보십시오. 아이의 잘못을 제대로 깨닫게 하려고, 정확히 지적하여 고쳐 주려고 애쓰지 마십시오. 그냥 아이가 지금 어떤 심정인지를 이해하고 공감해 주는데 주력하십시오. 그러면 아이의 마음이 열리는 것을 볼 수 있게 됩니다. 그런 다음에야 비로소 아이의 잘못을 고쳐 주고 싶은 부모의 기대가 성취될 수 있는 길이 열리기 시작할 것입니다.

관계를 해치는 대화

왜 인간은 폭력적이 되는가? 개인의 성격이나 기질 탓이라고 할 수도 있고 아니면 그를 둘러싸고 있는 환경 탓이라고 할 수도 있다. 하지만 우리의 경험을 돌이켜 보건대, 어떤 개인이 모든 사람을 향해 항상 폭력적이 되는 것도 아니고, 똑같은 상황에 처해 있다고 해서 누구나 다 똑같이 폭력적으로 행동하는 것도 아니다. 즉, 단순히 개인의 기질 탓이라거나 열악한 환경 탓이라고만 단정 짓기에는 어딘가 허점이 있다는 말이다.

인간을 폭력적으로 만드는 상황을 세심히 살펴보면, 대화의 방식에 문제가 있음을 보게 된다. 인간은 누구나 자신이 무시당하거나 공격당하고 있다는 느낌을 받으면 분노하게 된다. 그 분노가 향하는 방향은 두 가지이다. 자신에게로 향하거나 남에게로 향하는 것이다. 자신을 향한 비난은 스스로를 비참한 존재로 규정하게 함으로써 자존감에 큰 상처를 준다. 그리고 자기의 몸을 해치는 쪽으로 폭력(자해, 자살, 중독 등)을 행사하게 만든다. 반면에 남을 향한 비난은 그 사람에 대한 비난과 정죄를 통해서 상대방을 향한 폭력으로 발전하게 된다.

"게을러 빠져 가지구."

숙제(공부)를 안 하고 빈둥거리고 있는 아이를 보고 화가 난 부모가 내뱉는 말입니다. 잽싸게 '아 내가 숙제(공부)를 안 하는 잘못을 저지르고 있구나.' 하는 사실을 깨닫고 열심히 숙제(공부)를 시작하면 얼마나 좋겠습니까? 그러나 부모의 말에도 별로 개의치 않고서 여전히 멀뚱거리며 앉아 있거나, 꾸물거리며 숙제(공부)하기를 회피하는 아이를 바라보노라면, 부모는 북받쳐 오르는 감정을 더 이상 참지 못하고 이어서 속사포를 쏘아 댑니다.

"어째 넌 매사가 다 그 모양이냐? 그래 가지구 도대체 나중에 뭐가 될래?"

여기서 대화의 흐름을 가만히 살펴보면, 공부를 했으면 좋겠다는 부모의 요구는 뒤로 빠지고 아이를 향한 불편한 감정과 비난만이 쏟아집니다. 사실 이 상황에서 부모가 원하는 것은 아이가 숙제(공부)를 하는 것입니다. 그러나 실제 대화의 흐름을 살펴보면, 부모는 아이에 대한 공격과 비난에 더 몰입하고 있음을 볼 수가 있습니다. 아이에 대한 기대보다는 그 기대에 충실히 따르지 않은 아이에 대한 분노의 감정을 가슴에 묻어 둘 수가 없어 미친 듯이(?) 아이에게 쏟아 버리는 것입니다.

그러한 비난과 공격을 통해 부모는 자신의 화(공부를 했으면 하는 욕구/숙제도 안 하고 있다니)를 아이에게 다 풀어 버립니다. 아울러 그렇게 쏟아 내는 부모의 비난과 분노가 아이에게 죄책감을 느끼게 만들고, 아이는 사태의 심각성을 눈치채게 될 것이며, 아이 자신의 잘못을 깊이 회개하고 마침내 숙제(공부)를 하게 되리라는 기대를 마음에 담고 있는지도 모릅니다. 과연 그러한 부모의 기대가 의도하는 바대로 성취될까요?

어쩌면 아이는 부모의 비난이나 공격 때문에 죄책감을 느끼거나 두려움을 느껴서 그 순간에는 부모의 요구에 순응할지도 모릅니다. 하지만 그 약발은 부모가 비난이나 공격을 해 줄 때에만 먹히는 약발입니다. 다시 말해서 아이가 숙제(공부)를 하도록 하려면 부모가 지속적으로 아이를 비난하고 공격하는 말투를 사용해야 한다는 사실입니다. 이런 상황의 반복은 부모로 하여금 더욱 화가 나게 만들고 아이는 더욱 부모를 멀리하게(혹은 반항하게) 만듭니다.

아이가 적응이 돼서 약발이 잘 먹히지 않으면 부모는 협박이 담긴 강요를 사용하기 시작합니다. 매를 대거나 용돈을 안 주거나 외출을 금지시키는 등 여러 가지 방법을 동원하여 아이를 위협함으로써 아이가 부모의 요구에 복종하도록 만듭니다. 이런 갈등 상황이 반복적으로 지속되면서 아이와 부모의 관계는 회복하기 어려울 정도로 파괴되어 가고, 어느 순간에 이르면 아이는 부모에게 전면적인 반항을 보이기 시작하며, 순식간에 부모의 손에서 벗어납니다. 그중 가장 강력한 아이들의 무기가 바로 가출입니다.

이제부터는 전세가 역전됩니다. 아이가 부모를 향해 폭력을 행사하기 시작하는 것입니다. 뻑하면 학교 안 가고, 집에 늦게 들어오고, 부모가 싫어하는 짓들을 대놓고 해 댑니다. 그리고 부모는 "제발 학교만 가라, 꼴찌해도 상관없으니 졸업만 해라, 제발 집에만 들어와라, 뭘 하고 다니든 상관 안 할 테니 집에 들어와서 자라."는 식으로 아이에게 굴복하는 처지로 전락합니다. 하지만 아이는 콧방귀도 뀌지 않습니다. 그 동안 내게 했던 것만큼 되갚아 주리라는 복수심과 부모를 통제하는 즐거움(?)을 맘껏 누립니다. 부모는 우리 애가 왜 갑자기 저렇게 변해 버렸는지 이해가 가지를 않습니다. 부모로서 최선을 다해 뒷바라지 했건만, 어째 이럴 수가 있는가라는 탄식만 나올 뿐입니다.

대화의 목표

나는 지금 아이가 게임 대신에 숙제(공부)하기를 원하는 것인가? 즉 나의 대화의 목표가 아이의 행동을 바꾸는 것인가?

그렇다면 처벌이나 위협이나 비난이나 공격적 대응이 효과적인 것처럼 보일 수도 있다. 처벌이나 비난이 때론 사람의 행동을 바꾸는데, 즉각적인 영향을 미칠 수 있기 때문이다.

나는 지금 아이가 스스로 알아서 숙제(공부)하기를 원하는가? 즉 나의 대화 목표가 아이의 동기(공부 대한 마음가짐)를 바꾸는 것인가? 그렇다면 위협이나 비난이나 공격적 대응은 전혀 효과적이지 못하다. 비난 때문에 자발적으로 행동을 바꾸는 경우는 거의 없기 때문이다.

부모에게는 아이가 부모의 기대대로 행동하게 하는 것, 즉 "아이가 어떻게 행동하는가?"가 주된 관심거리이겠지만, 아이 양육에 있어 훨씬 더 중요하고도 핵심적인 것은 "아이가 그렇게 행동을 하는 동기가 무엇인가?"에 있습니다. 단순한 행동의 변화 즉, 부모의 기대대로 아이가 숙제(공부)를 하는 것 자체는 그다지 큰 의미가 없다는 얘기입니다. 겉으로 드러난 행동이 아니라, 속에 담겨진 동기 즉, 아이가 부모의 요구대로 숙제(공부)를 하기로 했을 때, 아이가 그러한 행동을 하게 된 동기가 무엇이냐가 아주 중요하다는 것입니다.

그렇게 행동하게 된 아이의 동기가, 부모의 비난으로 인한 죄책감이나 협박으로 인한 두려움에 머물러 있어서는 곤란합니다. 그것은 언제 터질지 모르는 시한폭탄을 키우는 것과 마찬가지입니다. 아이가 부모의 비난에 대처할 만큼 몸과 마음이 자라는 순간(청소년기/사춘기), 대번에 반항과 복수라는 폭발력으로 터져 버릴 것입니다. 자기가 힘이 없어서 이제까지 찍소리 못하고 감수하기만 해야 했던 비난에 대해 똑같은 식으로 맞섭니다. "나한테 해 준 게 뭔데?" 부모에게 가당치 않은 요구를 제시하며 왜 안 해 주느냐고 따집니다. 부모를 향한 비난이지요.

아이가 숙제(공부)를 하게 된 동기가, 자기 스스로의 유익(실력 향상, 학급에서의 위신, 배우는 게 재미있어서 등)을 위해서라는 자신의 판단이나, 부모에 대한 배려심 때문에 선택한 우호적 기여(부모님이 좋아하시니까)로 바뀌는 것이 바람직합니다. 그러기 위해서는 부모가 아이와 대화할 때에, 대화의 목표와 관심을 아이의 행동(부모의 기대에 복종)에 둘 것이 아니라, 아이의 동기(스스로 하고자 하는 의지/자발성)에다가 집중할 필요가 있습니다. 아이의 자발성은 아이를 향한 부모의 공감과 지지에 많은 영향을 받기 마련입니다. 따라서 부모는 어떤 상황에서든 우선적으로 아이의 처지에 공감하고 지지하는 방법에 대해 진지하게 관심을 기울이고 그 방법이 몸에 배도록 스스로를 훈련할 필요가 있습니다.

좌절된 욕구에 주목하기

"나한테 해 준 게 뭐가 있는데?"라고 대드는 아이를 향해 부모가 할 수 있는 반응은 뭘까? "먹여 주고 입혀 주고 공부시켜 주니까, 못하는 소리가 없어. 네가 잘한 게 뭐가 있다고 그 따위 소릴 지껄여?"라며 아이 탓을 할 수도 있다. 아니면 "그래 내가 부모로서 못 해 준 게 많다, 너를 잘 기르지 못했다."라고 아이의 입장을 인정해 주면서 부모 스스로를 자책할 수도 있다.

사실 어느 쪽의 방식으로 대응하던 여전히 문제는 남아 있게 되고 관계 개선의 해결책은 안개 속이다. 아무리 객관적인 사실들을 상기시키면서, 아이와 부모 중 어느 쪽이 더 잘못했는지를 따져서 결론을 내린다고 해서, 둘 사이의 관계가 개선되지는 않기 때문이다. 아이는 아이대로 여전히 별로 해 준 거 없는 부모라는 정서를 품고 있을 것이며, 부모는 부모대로 아이를 향해 쏟았던 애정과 희생을 생각하면서 철없는 자식을 둔 처절함을 곱씹을 테니까.

일단 이런 상황에 직면했을 때, 부모의 입장에서는 마음이 아프고 화가 날 수밖에 없다. 왜? 그 동안 나름대로 얼마나 자식을 위해 노력하고 희생했는지를 인정받고 싶은 마음이 있기 때문이다. 그런데 그런 기대가 아이에 의해 무참히 박살나고 말았다. 그러니 그 마음이 얼마나 아프고 분노에 사로잡히겠는가?

아이는 왜 부모의 가슴에 못 박는 소리를 했을까? 부모를 공격하고 상처 주기 위해서 그랬을까? 부모를 향한 아이의 실망과 분노에는 어떤 메시지가 담겨 있을까? 여기서 부모는 자신의 감정을 추스르고 아이가 그 말을 통해 표현하고자 하는 좌절된 욕구가 무엇인지에 대해 주목해 볼 필요가 있다.

부모가 아이에게 주는 관심과 배려는 흔히 부모의 관점에서 선택되고 결정되기 마련이다. 이러한 부모의 양육 방식 때문에 아이는 자신이 진정으로 원하는 것을 포기하도록 강요당하는 상황에 직면하게 된다. 아이의 분노는 자신이 진정 원하는 것에 대해서 부모가 좀 더 배려해 주기를 바라는 욕구가 좌절되고 있음을 알리는 신호이기도 하다.

대개의 경우 부모가 아이에게 해 주는 배려는, 부모의 관점에서 보았을 때 아이에게 필요하다고 여겨지는 것입니다. 어린 시절에는 부모의 관점에서 결정한 필요에 대해 아이가 별다른 이의를 제기하지 않습니다. 따지고 선별해서 주장할 수 있을 만큼 힘(발달 단계상의 성숙)이 자라지 않았기 때문입니다. 설령 처음에는 마음에 내키지 않았더라도 좀 더 강력한 부모의 눈빛과 설득에 직면하면, 그냥 수긍하고 받아들이게 마련입니다. 부모 입장에서는 아이가 부모의 말을 잘 이해했고, 그래서 태도를 기꺼이 자발적으로(?) 바꾼 것이라고 생각하게 됩니다.

그러나 아이가 자라서 사춘기로 접어들면서부터는 상황이 달라집니다. 아이는 서서히 독립성에 눈을 뜨게 되고 부모의 의견에 대해 이의를 제기하기 시작합니다. 아무리 설득을 해도 예전과는 달리 못마땅한 표정을 숨기지도 않고, 부모의 말에 좀처럼 수긍하려고 하지 않습니다. 좀 더 대담해지면 부모의 말을 거역하거나, 이전에는 볼 수 없었던 예상 밖의 행동을 하거나, 대놓고 신경질을 내는 등의 반응을 통해서 부모의 배려(통제)에 대해 토를 달고 저항하기 시작하는 것입니다. '더 이상 나를 통제하려 하지마!'

아이의 이런 태도를 보면서 부모는 당황합니다. 아이가 이상해졌다는 생각도 듭니다. 겪어 보지 못한 상황으로 인해 화가 나서 더 강하게 아이를 압박하기도 합니다. 부모의 강한 압박도 한 번 먹히고 나면 그 다음부터는 더 이상 힘을 쓰지 못합니다. 아이에게 면역력이 생긴 것이지요. 그러면서 아이의 반항도 수위가 높아집니다. 더 이상 아이가 부모 마음대로 되지 않는 상황이 지속되면서 아이에 대한 분노와 비난이 부모의 마음속에 자라나기 시작합니다. 이해할 수 없는 아이의 행동과 반응 때문에 부모는 속이 상하고 절망하게 됩니다. 도대체 어떻게 해야 하는 것인가요? 부모로서는 답이 없습니다.

아이의 마음속에는 어떤 변화가 있었을까요? 아이는 자신이 원하는 것보다는 부모가 원하는 것을 아이에게 요구하고, 그것을 부모로서의 관심과 사랑이라고 말하는 부모에 대해 불만이 쌓여 갑니다. 아이가 조금씩 자라고 있다는 증거입니다. 나중에는 자신이 부모의 욕구 충족 수단이 되고 있다는 생각까지 하게 됩니다. 당장은 밥과 잠자리를 얻어먹고 있는 처지에서 어쩔 수 없이 참고 따르기도 하지만, 마음속으로는 점점 말이 안 통하는 부모라는 관념을 굳혀 가고 있습니다. 아이가 진정 원하는 것에 대한 무시나 거절 때문에, 아이에게는 해 준 것도 없는 부모라는 생각을 갖게 됩니다.

그러다가 어느 시점에 이르게 되면 쌓였던 분노가 폭발합니다. 부모와 심각한 갈등과 충격을 일으키며 때로는 가출하기도 합니다. 아이는 충격적인 (?) 말과 행동을 통해, 부모가 원하는 것이 아니라 자신이 원하는 것에 대해, 부모가 관심을 보여 줄 것을 요구합니다. 자신의 욕구가 좌절되고 있음에 대해, 부모의 비난으로 인해 자존감이 상처 받고 있음에 대해 격렬한 신호를 보냄으로써 자신의 처지를 하소연하고 있는 것입니다. '내가 진짜 원하는 게 뭔지 아세요?' '왜 늘 내 생각은 무시당하고 있는 건데요?' 처절한 메시지가 아이의 마음 깊숙한 곳으로부터 부모를 향해 울려 퍼집니다. 그 처절한 외침이 부모의 눈에는 반항과 속썩임과 비행이라는 형태로 접수되고 있는 것입니다.

관계 소통적 대화의 네가지 단계
첫째, 관찰하기

어떤 상황을 일어나고 있는 그대로 관찰한다. 좋으냐 싫으냐, 옳으냐 그르냐의 입장에서 판단이나 평가를 하지 않고, 상대방의 말과 행동을 눈으로 보고 들은 대로만 객관적으로 말한다. '부모에게 대들었다.'는 표현은, 아이의 말과 행동에 대한 관찰이 아니라 판단(평가)이다. '부모에게 싫다고 말했다, 인상을 찡그렸다, 대답하지 않았다.'가 객관적 관찰이다.

둘째, 느낌 표현하기

그 상황을 접했을 때, 어떤 느낌이 들었는지를 말한다. 화가 났다거나, 두려웠다거나, 마음이 아팠다거나, 짜증이 났다거나, 가슴 뿌듯했다거나 자신의 감정 상태를 말로 표현한다.

셋째, 욕구 찾기

자신의 현재 감정이 내 마음속의 어떤 욕구와 연관이 있는지를 탐색한다. 내 감정이 상한 것은 내 마음속에 기대하고 있던 무언가가 좌절되었기 때문이다. 상대방의 행동 때문이 아니라, 내 안에 좌절된 욕구 때문이다. 상대방의 행동이나 자신의 현재 상황에 대해서 내 마음속에 품고 있는 기대와 욕구와 필요가 무엇인지를 살펴서 찾아낸다.

넷째, 권고하기

상대방이 해 주었으면 하고 바라는 말이나 행동을 구체적으로 정중하게 표현하는 것이다. "그것도 몰라, 뭘 잘못했는지 모르겠다구?"라는 식의 추궁은 별 의미가 없다. 상대가 알아서 잘하기를 바라지 말고, 구체적으로 이렇게 해 달라고 정중하게(비난과 추궁을 배제한 채) 권고한다. 엎드려 절 받는 것 같다거나 구차스럽게 구걸하는 거 같다는 식의 생각은 잠시 내려놓는다. 서로의 관계를 좋게 만드는 게 우선적인 목표다.

관찰과 평가

"넌 맨날 게임만 하냐!"

맨날 게임만 하는 사람은 없습니다. 밥도 먹고, 화장실도 가고, 잠도 잡니다. 게임 하는 아이에 대한 관찰(사실)과 부모 눈에 아이가 게임을 너무 많이 하고 있다는 평가(해석/판단)가 함께 섞여 있습니다. 부모는 사실을 말한 것이라고 하겠지만, 분명 그 말에는 사실만 있는 것이 아니라 아이에 대한 평가도 함께 담겨 있습니다. 그 말을 아이는 '게임만 하는 한심한 인간'이란 의미로 받아들입니다. 즉 사실에 대한 기술이 아니라, 평가로 받아들인다는 말입니다. 한심한 인간이라는데 좋아할 사람은 없습니다. 관찰과 평가가 뒤섞인 표현을 사용하면, 아이는 당연히 이를 비난으로 받아들이고 반항심으로 대응하기 쉽습니다. 그만큼 부모의 기대하는 바와는 동떨어진 행동을 하려고 할 것입니다.

따라서 아이와의 대화에서는 관찰과 평가를 분리할 필요가 있습니다. 평가를 분리한 표현은 '너는 5시간 동안 게임 하고 있다.'입니다. 객관적인 사실만을 말했기에 아이는 훨씬 저항감을 덜 갖게 되고, 부모의 기대에 부응할 가능성도 높아지게 됩니다. 이 경우 특히 비난조의 어감이 섞이지 않도록 유의할 필요가 있습니다. '5시간씩이나 게임을 하고 있네.'라는 말은 '씩이나'라는 말을 씀으로써 비난과 정죄의 느낌을 줄 수도 있습니다. "그래도 게임만 붙들고 있는 꼬라지를 보고 어떻게 맨날 참을 수 있는가, 아이의 행동이 마음에 안 들어도 마음에 드는 척하란 말인가, 아이가 잘못되는 것을 그냥 좋다고 팔짱 끼고 바라보고만 있으라는 말인가?" 그렇지는 않습니다. 만일 아이의 행동을 보고 일어나는 걱정과 분노를 절대 표현해서는 안 된다고 한다면, 부모 역시 속 터지는 일일 것입니다.

느낌과 생각

게임 좀 그만 하라고 했는데도 여전히 게임에 몰두하고 있는 아이를 보면 부모의 마음에 감정이 올라옵니다. 그 때의 느낌을 어떤 식으로 표현할 수 있을까요?

"나는 무시당하고 있다고 느낀다. 부모의 말을 아이가 따르지 않고 있으니까."

정확히 말해서 무시당하고 있다는 것은 느낌이 아닙니다. '아이가 나를 무시하고 있다.'는 부모의 생각입니다. 아이가 부모의 말을 들은 척도 안 하는 상황을 겪고 갖게 된 의견입니다. 아이의 그런 태도를 보고 갖게 되는 느낌은 화가 나거나, 마음이 상하거나, 기가 막힌 것이겠죠. 게임을 줄이라는 부모의 말에 대해 진지하게 반응을 보이지 않는, 행동 변화의 기미가 보이지 않는 아이를 보면 '이 녀석이 내 말(부모)을 무시하고 있구나.'라는 생각이 듭니다. 그리고 화가 나는 것입니다.

의외로 자신의 감정에 무감각한 사람들이 많습니다. 분명히 강한 감정을 느끼면서도 표현은커녕 그 느낌이 무엇인지도 알아차리지 못하는 경우도 있습니다. 자신의 느낌을 충분히 알지 못하면 이를 제대로 표현할 수 없게 되고, 쌍방 간의 대화가 오해와 갈등으로 이어지기 쉽습니다. 그렇기 때문에 자신의 감정을 잘 이해하고 말로 표현한다는 것은 대화에서 아주 중요합니다.

'나를 무시하고 있다.'는 말을 들었을 때, 상대방은 이를 비난으로 받아들여 "내가 언제 무시했냐?"며 반항하거나, 혹은 "그러는 너는 안 그랬냐?"며 도리어 비난의 화살을 돌리게 됩니다. 그래서 대화는 실망과 싸움으로 번지기 쉽습니다. 무시해 놓고 무시한 적이 없다고 딱 잡아떼는 아이를 대하면 분노는 더욱 커질 수밖에 없습니다. "이 놈이 이제는 거짓말로 부모를 가지고 놀아."

사실 '무시했다'는 것은 사실이 아니고 나의 생각 즉 판단입니다. 아이의 행동을 보고 내가 그렇게 생각하고 해석한 것이지요. 아이는 다르게 해석하고 있을 수 있는 여지가 남아 있다는 말입니다. 대화를 이어 감에 있어서 중요한 점은 '무시했냐, 안 했냐' 둘 중에서 어느 쪽이 맞냐에 대한 판정이 아닙니다. 핵심은 부모인 내가 아이의 행동 때문에 감정적으로 뭔가 불편함을 느꼈다는 사실입니다. 그런 불편함을 당연히 아이에게 말해야 합니다. 아이와의 대화를 계속해 나갈 수 있기 위해서 말입니다.

이런 상황에서는 '무시하고 있다.'는 생각의 표현보다는 '마음이 상했다.'는 느낌의 표현이 아이의 이해를 얻고 대화를 지속해 나가는 데 훨씬 도움이 됩니다. "내 말대로 게임을 좀 줄이기를 기대했는데, 별로 바뀐 게 없어 보여서 마음이 많이 상했다." 마음이 상한 것은 부모의 감정이기에 사실이 분명합니다. 아이가 부모가 느낀 것을 부정할 수는 없습니다. 그럴 의도는 아니었다고 말할 수는 있겠지만 말입니다. 하지만 '무시했다.'는 부모의 생각(판단)은 아이에게는 사실이 아닐 수 있습니다. 무시한 게 아니라, 그냥 잊어버리거나 혹은 자신도 조절할 수 없는 상황일 수도 있는 것입니다.

부모가 느낀 감정을 표현함에 있어서 "또 게임 하고 자빠졌냐?"는 외침보다는 "지금 게임 하는 모습을 보니, 내가 화가 난다."라고 말하는 것이 듣는 아이에게는 훨씬 더 마음에 와닿는 말입니다. 부모의 생각(아이에 대한 비난)이 아니라, 부모 자신의 주관적 감정을 표현했기 때문입니다. 아이는 화난 부모의 감정에 마음을 쓰면서 부모를 좀 위로해 주기 위해 뭔가를 해야 하지 않을까 하는 마음을 먹을 가능성이 높아집니다. 반면에 "또 게임 하고 자빠졌냐? 부모의 말이 말 같지 않아?"라는 표현은 '맨날 잔소리야(비난질이야/못 잡아먹어 안달이야).'라는 반발심을 일으킬 가능성이 높습니다.

자극과 원인

친구가 약속 시간에 늦게 왔습니다. 당연히 화가 났겠죠. 내가 품고 있는 그 화의 원인은 약속 시간에 늦게 온 친구일까요? 만일 친구를 기다리고 있던 장소에서 평소에 연정을 품고 있던 어떤 사람을 우연히 만나게 되어 얘기를 나누고 있었다고 가정해 봅시다. 그런 상황에서도 친구가 늦게 온 것이

나를 화나게 할까요? 그 보다는 오히려 고맙지요. 어쩌면 친구가 아예 오지 않기를 바랄 수도 있습니다. 지금 만난 사람과 좀 더 시간을 보내고 싶다는 욕구가 있기 때문입니다. 친구를 만나고 싶다는 욕구보다 더 강한 욕구가 성취되었기에 화를 낼 이유가 전혀 없습니다.

상대방의 말과 행동이 나의 느낌에 자극(계기/조건)이 될 수는 있습니다. 하지만 근본적인 원인이 되는 것은 아닙니다. 내 느낌(감정)은, 그 순간 내 마음속에 있는 욕구와 기대와 필요에 따라 선택되어지는 것입니다. 나는 친구가 늦게 온 것에 대해 화를 내기로 선택할 수도 있고, 고마워하기로 선택할 수도 있다는 얘기입니다. 그 순간 내 마음속에 일고 있는 일차적인 나의 욕구가 무엇이냐에 따라서 감정이 달라질 수 있습니다. '친구가 나와의 약속을 소중히 여겨주기'와 '우연히 만난 이성과 데이트하기' 중 어느 욕구가 더 강렬하고 일차적이냐에 따라 느낌(감정의 선택)은 달라집니다. 그렇기 때문에 나의 느낌의 진정한 원인은 상대방의 행동이나 말에 있는 것이 아니라, 내게 있습니다. 내 마음속에 품고 있는 어떤 욕구나 생각이나 기대나 필요가 진짜 원인입니다.

아이와의 관계에서 도저히 감당하기 힘든 말이나 행동에 맞닥뜨려서 기분이 몹시 상했을 때, "너 때문에 내가 미치겠어."라고 외치며 부모의 감정에 대한 책임을 아이에게 돌리는 순간, 부모는 아이에게 비난과 공격을 쏟아붓게 됩니다. 내게 불행(하다는 감정)을 가져다주는 아이와의 대화는 전쟁 양상으로 치닫습니다. 하지만 아이의 말과 행동으로 인해 내 안의 어떤 욕구나 생각이 좌절되었는지에 집중하다 보면, 즉 감정의 원인을 내 안에서 찾아보려고 하다 보면, 상대적으로 아이에 대한 비난이나 공격적인 대응을 좀 더 자제할 수 있게 됩니다. 그럼으로써 그 상황을 훨씬 더 지혜롭게 다룰 수 있는 여유도 생겨납니다.

권고와 강요

아이와의 관계를 개선하기 위해서는 부모로서 강압적인 요구나 지시를 하기보다는 아이에게 권고하는 것이 좋습니다. '아이에게 무슨 권고를… 부모가 시키면 시키는 대로 하는 거지.'라는 식의 생각은 아이가 어릴 때에는 통할지 모르나 아이가 청소년기로 접어들면서부터는 아이와의 관계에 힘겨운 문제를 일으킵니다. 아이와의 대화가 단절되어 버리는 상황을 자초하게 된다는 말입니다. 그 단절의 양상은 반항이나 가출과 같이 외적인 양상으로 나타날 수도 있고, 무시와 회피와 거짓말과 왕따시키기(자기 아이에게 발생한 일을 부모만 모름) 등 내적인 양상으로 나타날 수도 있습니다.

권고는 구체적이고 긍정적인 행동 언어를 사용하는 것이 좋습니다. 하지 말았으면 하는 것보다는 해 주었으면 하는 것을 권고하는 것이 유리하다는 말입니다. 하지 말라고 하면 할수록 더 하고 싶어진다는 말도 있지 않습니까?

"게임 좀 그만 했으면 좋겠다."

부모의 권고대로 아이는 천연덕스럽게 게임을 그만두고 TV 시청에 몰두합니다. 아이는 쿨하게 부모의 권고를 들어 준 것입니다. 하지만 부모의 권고는 그게 아니었을 것입니다. '숙제(공부)를 했으면 좋겠다.'는 의도였을 것입니다. 부정적이고 구체적이지 않은 권고는 의도하지 못했던 왜곡을 가져올 가능성이 높습니다.

외출해서 돌아와 보니 아이가 숙제(공부)는 안 하고 게임을 하고 있습니다. 입에서 튀어나오려는 비난의 욕설과 분노의 감정을 달래며, 관찰, 느낌,

욕구, 권고라는 네 가지 단계에 따라 적절하게 잘 대화를 진행했습니다.

관찰 – 숙제를 안 했구나.

느낌 – 그걸 알고 실망했다.

욕구 – 네가 숙제를 해 놓았기를 원했기 때문이다.

권고(지도) – 지금 숙제를 시작하면 좋겠다.

그 다음에 어떤 일이 벌어졌을까요? 아이는 순순히 숙제를 시작했을까요? 그렇다면 좋겠지만, 때로는 전혀 기대와 다르게 상황이 전개되기도 합니다. 아이는 여전히 뭉그적거리며 숙제를 미룹니다. 결국은 참다못해서 소리칩니다. "너같이 생각이 없고 무책임한 놈은 처음 봤다. 내가 이렇게까지 신경 써 가면서 말을 했는데도 하는 짓거리를 보면 참! 이 정도로 존중해서 얘기하면 들어줘야 되는 거 아냐? 부모 말이 네 눈에는 개똥으로밖에 안 보이냐?"

이 순간, 부모가 아까 한 얘기는 권고(지도)에서 강요(비난)로 돌변합니다. 권고는 권고입니다. 권고대로 할지 안 할지는 상대가 선택할 몫입니다. 만일 자기의 권고가 반드시 받아들여져야 한다고 기대하고 있다면, 그것은 권고(지도)가 아니라 강요(비난)입니다. 아이 입장에서는 부모가 말투만 바꾸었을 뿐 부모의 태도에는 변한 게 없는 셈이지요.

강요를 받으면 아이들은 두 가지 중에 하나를 선택합니다. 복종을 하던가 아니면 반항하게 됩니다. 얼핏 생각에는 아이가 복종하는 것이 부모에게는 더 좋아 보입니다. 그러나 부모의 입장과는 상관없이, 아이가 복종을 하던 반항을 하던, 부모와 아이 사이의 관계는 악화되기 마련입니다. 비록 지금은 힘이 약해서 아이가 부모의 강요에 복종했지만, 속으로는 언젠가 부모의 강요에 복수할 순간을 손꼽아 기다릴 것이기 때문입니다.

그렇다면 권고(지도)가 받아들여지지 않았을 때, 어떻게 해야 할까요?

곧 바로 포기하고 더 이상 언급을 말아야 할까요? 그런 식으로 하면, 도대체 아이가 부모의 말을 들어 먹을 것이라고 생각하느냐는 반문이 불쑥 튀어나옵니다. 아이는 결코 부모의 말을 듣지 않을 것이고 결국 아이에 대한 교육을 포기하라는 소리밖에 안 된다는 생각까지 들 수도 있습니다.

관계 개선의 길은, 아이가 응하지 않았을 때, 아이의 입장에서 공감(이해/동의가 아니라)해 주는 것입니다. 아이를 향한 지도(행동 변화)를 잠시 뒤로 미룬다는 말입니다. 아이가 부모의 지도를 따르지 않는다면 이미 부모와 아이 사이의 관계가 악화되어 있을 가능성 큽니다. 이런 상황에서 우선 과제는 아이의 행동 변화가 아니라 아이와의 관계 개선입니다. 그래서 아이의 행동을 바꾸는 것보다는 아이가 행동을 바꾸지 않는 이유를 헤아려 보는 것에 더 관심을 기울입니다. "숙제하기가 싫은 모양이구나." "엄마(아빠)가 원하는(시키는) 거라서 하기 싫은 모양이구나."

아이의 마음속에 있는 이유를 헤아려 알게 되었을 때, 부모는 좀 더 긍정적인 관계에서 아이를 지도할 수 있는 여유를 갖게 됩니다. 부모의 권고를 거부한 아이의 입장(마음속 이유)을 부모가 알아줄 때, 아이에게도 부모의 기대를 존중하고 따라 주고 싶은 마음이 생겨나게 됩니다. 물론 처음부터 큰 변화를 기대할 수는 없겠지요. 그러나 시간이 흐르면서 아이의 입장이 부모에 의해 수용되는 경험이 되풀이될수록, 아이의 태도는 부모의 권고에 귀를 기울이는 쪽으로 서서히 바뀌어 가는 것을 보게 될 것입니다.

공감

우리는 다른 사람의 얘기를 들으면서 흔히 상대방의 입장에 동조해 주거나, 해결책을 제시해 주려 합니다. 공감은 단순히 상대방의 편을 들어주는 것이 아닙니다. 상대에게 필요한 교훈이나 해결 방법을 알려 주는 것이 아닙니다. 그냥 상대방이 하는 말에 집중하며 함께 있어 주는 것입니다. 공감한다는 것은 상대방의 좌절된 욕구와 생각과 느낌에 집중하는 것입니다. 상대방에게 무엇을 해 주려 애쓰는 것이 아니라, 있는 그대로 상대방의 얘기를 들어주고 이해하는 것입니다. 상대방을 도와주기 위해 뭔가를 더 보태 주려 애쓰는 것이 아닙니다. 상대방이 잃어버린 것이 무엇인지, 말하고 싶은 것이 무엇인지를 이해해 주는 것입니다.

아이가 거울을 보며 "정말 바보 같애."라고 한숨을 짓습니다. 그러자 부모는 "절대 아닌데." "너만의 개성이 있잖아." "보기 나름이야." "누가 그런 헛소리를 해?" 등등 아이를 달래고 위로하고 안심시키고 기운을 북돋아 주기 위해 뭔가 보태 주려 애를 씁니다. 부모가 아이에게 보태 주는 그 어떤 말도 공감이 아닙니다. 진정한 공감은 아이의 생각, 욕구를 이해하는 것입니다. "네 모습이 맘에 안 들어?" 왠지 모르겠지만 아이는 자기 모습이 마음에 안 드는 것입니다. 그런 아이의 마음을 읽어 주는 것이 공감입니다.

공감이 아닌 경우

조언이나 설명
 "그럼 ~~ 해 보는 건 어때?" "그게 사실은 ~~야"

위로
 "너도 할 만큼 했어." "네 잘못 아냐." "하나 배웠네, 뭐."

관심 돌리기

"내 친구는 더 심해." "그만 기운 내고 잊어버려."

동정

"정말 힘들겠다." "어쩌면 좋냐." "네 맘 알아."

03 실제 상황에서 대화해 보기

관찰과 평가

① 너는 너무 많이 놀아(공부를 안 해).

②도대체 부모 말을 들어먹지를 않아.

③ 나와 얘기할 때마다 불평만 해.

④ 큰 애는 공격적이다.

⑤ 갑자기 이유없이 화를 냈다.

느낌과 생각

⑥ 나갔다 들어오면서 인사를 안 하면 무시당했다는 느낌이 들어.

⑦ 한 대 때려 주고 싶은 기분이야.

⑧ 나를 사랑하지 않는 것 같이 느껴져.

원인(내 욕구/ 내 생각)과 자극(계기/조건)

⑨ 네가 늦게 와서 정말 짜증 나.
_____

⑩ 숙제한다고 약속해 놓고 하지 않아서 정말 화가 나.
_____

⑪ 네 성적이 올라서 정말 기뻐.
_____

⑫ 네 물건도 제대로 못 챙기냐 한심하고 걱정된다.
_____

⑬ 그 따위로 말하지 마. 정말 화나니까.
_____

권고(지도)

⑭ 게임을 하지 않았으면 좋겠다.
_____

⑮ 내게 뭐가 불만인지 솔직하게 말했으면 좋겠다.
_____

⑯ 공부를 좀 더 했으면 좋겠다.
_____

⑰ 너에 대해 좀 더 알았으면 좋겠다.

___

공감

⑱ 정말 멍청한 짓을 했어.

'누구나 실수를 하는 법이야.'

___

⑲ 네가 어떻게 나한테 이럴 수가 있어?

'나 때문에 기분 상했어?'

___

⑳ 너만 잘났다 이거지?

'내가 잘났다는 게 아니라, ~~~~'

___

생각해 보기

① '너무 많이'는 평가다. '너는 오늘 공부를 30분 정도 했어.'는 관찰이다.
② '말을 듣지 않는다.'는 말을 듣지 않는 인간이라는 평가(비난) 이다.
　'PC방 가지 말라고 했는데 갔다.'는 관찰이다.
③ '불평만 해.'는 평가이다. '이번 주 2번 얘기했는데, 그때마다 왜 나는 안 되냐고 했다.'는 관찰이다.
④ '공격적'이란 말은 평가다. '핸드폰을 만지자 때렸다.'는 관찰이다.

⑤ '이유 없이'라는 말이나 '화를 냈다.'는 추측은 내 평가(판단)다. 갑자기 소리를 질렀다.'나 '방문을 세게 닫았다.'는 관찰이다.
⑥ '무시당했다.'는 내 생각이다. '인사를 안 하면 섭섭해 혹은 속상해.'가 느낌이다.
⑦ '때려 주고 싶다.'는 내 욕구다. '나는 화가 났다.'는 느낌이다.
⑧ '사랑하지 않는다.'는 내 생각이다. '나는 외롭다 혹은 슬프다 혹은 실망스럽다.'가 느낌이다.
⑨ '네가 늦게 온 것'은 조건(자극/계기)이다. 나의 감정을 상하게 한 원인인 욕구나 생각은 '같이 저녁 먹을 수 있기를 원했기 때문에'이다. "같이 저녁 먹고 싶었는데 그렇지 못해서 실망스러워."
⑩ '숙제를 하지 않은 것'은 조건(자극/계기)이다. 내 감정을 상하게 한 원인(나의 욕구나 생각)은 '네 말을 믿을 수 있기를 바란 것'이다. "네 말을 신뢰하고 싶기 때문에 네가 약속한 일을 하지 않으면 속이 상해."
⑪ '성적이 오른 것'은 조건(자극/계기)이다. 나를 기쁘게 한 바람직한 원인(내 욕구) '네가 노력한 만큼 인정받기를 원했기 때문에'이다. "네가 노력한 만큼 인정받기를 기대했기 때문에 네 성적표를 보니 정말 기쁘다."
⑫ 내 느낌에 영향을 미치는 나의 욕구나 생각은 '자기 물건을 스스로 챙기기를 원하는 것'이다. "네가 준비물(혹은 물건)을 빠트리고 가면 걱정스러워. 왜냐하면 자기 물건은 스스로 챙겨야 한다고 생각하기(원하기) 때문이다."
⑬ 좌절된 나의 욕구나 생각은 '서로 존중하기를 원한다.'이다. "나는 서로가 존중하기를 바라기 때문에 그런 식으로 말하면 정말 화가 나."

⑭ 부정적인 부탁이다. 긍정적인 부탁은 뭐가 대안으로 할 수 있는 다른 것을 찾는 것이다. "게임을 하면 어떤 욕구가 충족되는지 말을 해 봐. 그걸 대신할 수 있는 다른 방법을 함께 찾아보자."

⑮ '솔직하게 말하다.'는 구체적이지 않다. "내가 무엇을 어떻게 했으면 좋을지 말해 줘?"

⑯ '좀 더 하다.'는 구체적이지 않다. "공부를 하루에 1시간씩 했으면 좋겠다."

⑰ 구체적인 행동을 언급하지 않았다. "적어도 일주일에 한 번은 얼굴 보며 얘기하고 싶다."

⑱ 위로하고 안심시키려는 말이다. 상대 욕구는 '좀 더 신중하게 행동하고 싶었다.'이다. "좀 더 신중하게 행동하고 싶었는데, 그렇지 못해 실망했구나."

⑲ 상대의 느낌에 대해 책임을 지려는 것이다. 을의 욕구는 '자기 요구대로 따라 주는 것'이다. "네가 요구한 대로 해 주기를 원했기 때문에 마음이 상했구나."

⑳ 상대방의 의견에 대해 반박하고 설명하려는 표현이다. 상대방의 욕구는 '자기 의견이 존중받는 것'이다. "다른 방식으로 볼 수도 있다는 점을 내가 인정하길 원하기 때문에 짜증이 났구나."

공감 키우기

☞ 자꾸 몸무게만 늘어, 어쩌지.

욕구, 생각 : 몸무게를 유지하고 싶다. 몸무게를 줄이고 싶다.

느낌 : 걱정된다. 화가 난다. 짜증 난다. 속상하다.

보태기(해결책, 위로) : 먹는 걸 줄여, 운동을 해, 별로 뚱뚱하지 않아, 너보다 더한 사람 많아.

☞ 나한테 해 준 게 뭐가 있는데?

욕구, 생각 : 도움을 받고 싶다. 관심을 받고 싶다.

느낌 : 서운하다. 원망스럽다. 외롭다.

보태기(설명, 반박) : 뭐 해 준 게 없다구. 너는 나한테 해 준 게 뭐냐. 이제까지 누구 덕에 살았냐.

☞ 넌 날 무시해(쉽게 생각해).

욕구, 생각 : 내가 한 일을 인정받고 싶다. 나도 많은 기여를 했다. 내 의견을 존중해 다오.

기분 : 우울하다. 힘들다. 억울하다.

보태기(반박, 설명, 훈계) : 내가 언제 그랬냐. 네가 오해한 거야. 네가 처신을 좀 잘해 봐.

제2장

사춘기 자녀와의 갈등 해결
"애 땜에 미치겠어!"

대부분의 부모들이 아이가 원하는 삶을 살게 하기보다는, 아이가 제대로 된 삶(부모 생각에 최선인 삶)을 살게 하기 위해서 노력합니다. 어떤 경우에는 나처럼 살지 말라고 너는 나보다 더 낫게 살아야 한다고 말하면서 말입니다. 그렇게 아이를 위해서 애쓰고 노력하는데, 그러한 부모의 모든 희생과 노고를 아이가 인정하지 않는다는 것입니다. 여기서 문제의 핵심은, 그러한 부모의 희생적인 수고와 강요가 부모로서는 진정한 사랑인데 아이로서는 지나친 간섭이요 강압이라는 사실에 있습니다.

04 관계를 악화시키는 양육 방식

☞ 너희는 먼저 하나님의 나라와 하나님의 의를 구하여라. 그리하면 이 모든 것을 너희에게 더하여 주실 것이다. 그러므로 내일 일을 걱정하지 말아라. 내일 걱정은 내일이 맡아서 할 것이다. 한 날의 괴로움은 그 날에 겪는 것으로 족하다. (마6:33-34)

행복한 삶의 핵심은 관계에 있다. 앞으로 아이가 살아가게 될 세상에서의 안전한 삶과 성공에 대한 우려 때문에, 부모는 아이와의 관계를 살피기보다는 아이의 성적을 올리기 위해 공부라는 틀 안에 아이를 어떻게든 집어넣는 데 열중한다. 성적이 미래를 보장해 줄 수 있으리라는 기대와, 성적이 나쁘면 그것으로 인생도 불행에 빠진다는 신앙이 부모의 마음을 가린다. 아이의 내일에 대한 걱정에서부터 솟아난 성적에 대한 집착이 오늘의 행복한 관계를 훼손해 간다. 성적 때문에 아이를 향한 질책과 분노와 비난을 쏟아붓고 있으면서도, 이로 인해 불행해진 자신과 아이의 상황을 아이의 나쁜 성적 때문이라고 생각하고 있는 부모들이 많이 있다. 아이의 성적만 좋아지면 모든 게 해결되리라고 믿으며, 여전히 아이를 향한 감시와 강제와 강압에 매달린다. 아이로 하여금 성적을 위해서 공부하도록 감시하고 강압하는 부모의 태도는, 아이와 부모 사이에 마땅히 있어야 할 행복한 관계를 파괴하고 공부에 대한 아이의 의욕을 떨어뜨린다.

☞ 나를 불행하게 만드는 이유는 _____

① 아이의 성적이다.
② 돈이다.
③ 남편(아내)이다.
④ 아이와의 불화다.
기타 _____

만일 ①이나 ④를 선택하셨다면 이 책으로부터 큰 도움을 받을 수 있는 유리한(?) 상황에 있다고 감히 말씀 드릴 수 있습니다.

나의 불행은 나의 선택입니다. 그러나 많은 사람들이 자신의 불행은 나라는 존재 바깥에 있는 누구 혹은 무엇 때문이라고 말합니다. 한국 사회의 부모들에게 공통적인 현상은 불행의 이유가 아이의 성적을 향하고 있다는 점입니다. 아이의 성적을 보면서 불행해지기로 부모들은 선택합니다. 아이의 미래가 암담해질 것이라고 예측하기로 선택합니다. 아마도 '불행해지기로 선택했다.'는 표현이 낯설고 이해되지 않는 분들이 많을 것입니다. 때때로 진리는 단순하면서도 용납하기가 쉽지 않은 낯설음으로 나타납니다. 그러나 이 책을 읽어 가다 보면 어느 순간 그 말이 마음에 와닿을 것입니다.

내 아이가 내 맘대로 안 되요 - 불행의 이유

인간은 불행한 존재이다. 먹을 게 없고 입을 게 없어서 불행한 게 아니다. 남보다 돈을 더 많이 벌지 못하고 남보다 더 높은 자리에 출세하지 못해서 불행한 게 아니다. 가장 사랑하는 사람, 가장 가까운 사람과의 관계가 좋지 못해서 불행하다.

　자식과의 사이가 원만하지 못하다. 삶이 행복할 리가 없다. '어찌 내 배로 낳은 자식이 저리도 내 말을 안 들을까?'라는 데에 생각이 미치면 정말 어찌해야 할 바를 모르겠다는 게 부모 된 이들의 공통된 심정이다. 마음에 안 드는 아이의 행동을 바꿔 보기 위해 부모가 선택하는 방법은 잔소리를 하는 것이다. 그래도 안 되면 벌을 가한다. 용돈을 줄이거나, 매를 들거나, 외출을 금지시키거나 함으로써 아이 행동이 개선되기를 기대한다.

　그러나 문제는 그러한 부모의 대응이 그다지 실효성이 없다는 데 있다. 아무리 잔소리를 해도 아이는 자신의 행동을 바꾸지 않는다. "공부해라. 공부해라." 악을 쓰며 잔소리를 해 대면 아이는 공부를 하는 척하기도 한다. 하지만 그것은 어디까지나 하는 척이다. 부모의 감시로부터 벗어나는 순간 아이는 자기가 하고 싶은 대로 행동한다. 이를 막기 위해서 부모는 수시로 아이에게 전화를 해 대고 아이의 하루 일과표를 짜서 손수 간섭함으로써 아이의 일거수일투족을 감시하고 통제하려는 무모한 시도를 감행하기도 한다.

　대학 입학자의 행복 순위에 대한 얘기가 있습니다. 1위는 고등학교 때부터 자신이 뭘 할 것인지 선택해서 왔는데 정말 학과가 적성에 맞는 경우입니다. 2위는 대충 성적에 맞춰서 들어왔는데 학과 공부가 재미있고 마음에 맞는 경우입니다. 3위는 한 학기 동안 공부해 보니 학과 공부가 도저히 안 맞아서 휴학하고 적성에 맞는 과로 가기 위해 재수하여 바꾼 경우입니다. 4위는 3학년까지 마치고 나서 그 동안 3년은 어찌어찌해서 버텼는데 도저히 더 이상은 못하겠다고 하소연하는 경우입니다.

'이스털린의 패러독스'라는 게 있습니다.(이스털린, 경제 성장이 인간의 행복을 증진시키는가?) 어느 정도 욕구를 충족할 만큼 소득이 늘어나면, 그 이후로는 소득의 증가가 행복의 증가로 이어지지 않는다는 것입니다. 부유해지면, 소득의 증가가 삶의 영역의 확대가 아니라 단순히 돈의 양이 늘었다는 차원이 됩니다.

그런데 문제는 자기보다 소득 높은 사람들이 항상 보인다는 데 있습니다. 그러니 아무리 양이 늘어도 그리 행복하지 않습니다. 돈을 얼마를 벌던 늘 자기보다 부자인 사람이 보이기 때문입니다. 부자라는 게 상대적인 개념이라서 돈이 많아지면 그전에는 보이지 않던 부자들이 눈에 들어옵니다. 그래서 여전히 부족하고 목이 마르다는 생각을 떨쳐 낼 수 없습니다.

반면에 부족할 때는 다른 사람의 소득보다는 소득의 증가로 인해 자신의 삶의 질(영역)이 향상되는 데 더 관심을 기울입니다. 그렇기 때문에 돈의 양을 다른 부자들과 비교하기보다는 늘어난 돈으로 자기 삶의 영역을 넓혀가는 것에 더 마음이 가 있기 때문에 행복할 수 있습니다. 단순히 늘어난 돈 자체 때문이 아니라, 그 돈으로 새롭게 할 수 있게 된 삶의 영역들(취미, 여행, 배우고 싶은 것 등)이 다양해져서 그렇다는 것입니다

결국 불행은 소유의 문제가 아니라는 얘기입니다. 행복은 존재 또는 관계의 문제입니다. 일, 직장 동료, 가족과의 사이(관계)가 좋아야 행복한 것입니다. 가장 가까운 사람과의 관계가 나빠서 – 잘 지내지 못해서 – 삶이 고달프고 힘이 드는 것입니다. 내가 하고 있는 일과의 관계가 좋지 않아서 불행한 것입니다. 많은 경우에 있어서 우리의 삶은, 돈이 없어서 혹은 성적이 나빠서 불행한 것이 아닙니다. 그래서 인생이란 부자 순으로, 공부 잘하는 애

순으로 행복해지는 게 아닌 겁니다.

　세상에서 가장 가까운 사이인 아이와의 관계가 악화되어서 부모들은 사는 게 너무 힘이 듭니다. 그저 아이가 이쁘기만 하고, 아이의 성적이라는 게 부모의 시야에 들어와 있지 않을 때에는 너무도 행복했습니다. 아이와의 관계가 늘 좋았기 때문입니다. 아이는 무엇보다도 엄마를 찾고 의지하는 존재였습니다. 부모는 아이의 눈동자를 지켜보기만 해도 그냥 기분이 좋습니다.

　그러나 어느 순간 아이의 성적이라는 게 부모의 마음에 자리를 잡기 시작하면서부터 아이를 향한 부모의 태도가 달라집니다. 아이의 성적을 올리기 위해 부모는 아이를 잡기 시작합니다. 아이에 대한 감시와 통제가 발동하는 것입니다. 아이로서는 변해 버린 부모의 태도에 당황스럽습니다. 아이는 '도대체 내가 무슨 잘못을 했지?'라는 질문을 수도 없이 던지며 부모의 비위를 맞추기 위해서 예전의 사랑을 다시 회복하기 위해서 순종합니다.

　그러나 시간이 갈수록 부모의 감시와 통제와 강제는 더 심해지기 마련입니다. 동시에 아이도 적응해 갑니다. "내가 어찌해서 해결될 문제가 아니구나." 부모의 감시와 통제와 강제에 대해 대처 능력이 생깁니다. 부모의 입장에서는 아이를 자기 뜻대로 조정해 보려 애를 쓰는데 아이가 말을 잘 듣지 않습니다. 어렸을 때는 그럭저럭 시키는 대로 잘 따라 주는 것 같더니, 나이를 조금씩 먹으면서 서서히 부모의 눈을 속이고 거짓말을 하고 심지어는 반항하기도 하니 부모로서는 속이 상합니다. 그래서 사는 게 처절하고 화가 납니다. 불행한 부모란, 자녀와 잘 지내지 못하는 부모입니다. 아이에게 공부를 강요하지만, 아이는 부모의 기대대로 따라 주지 않습니다. 부모의 강요에 분노하며 적대감을 드러냅니다. 내 자식을 내 맘대로 할 수 없다는 게 너무도 절망스럽습니다.

☞ 아이를 학원에 보내면 아이는 _____

① 집에 있는 것보다는 아무래도 공부를 더하게 될 것이다.
② 공부는 안 할지라도, 노는 꼴을 안 보니 나의 마음은 편하다.
③ 자발적으로 공부하는 시간이 더 줄어들 것이다.
④ 공부를 더 안 할 것이다.
⑤ 성적이 올라 갈 것이다.
⑥ 성적이 떨어질 것이다.
⑦ 성적에 변화가 없을 것이다.

많은 부모들이 집에서 빈둥거리는 꼴이 보기 싫어서 학원이라도 보낸다고 합니다. '그래도 학원에 가면 공부를 좀 하지 않을까?'하는 기대도 있습니다. 어떤 부모는 그나마 학원을 보내니까 애가 그 정도 성적이라도 유지한다고 말하기도 합니다. 과연 그런 걸까요? 부모의 입장에서 보면 학원은 일종의 부담 전가의 방편(면피용)이기도 합니다. 아이를 공부시키기 힘드니까 일단 학원이라도 보냄으로써 부모로서 할 일을 하고 있다는 위로를 얻고 싶은 것입니다. 하지만 부모가 아이의 일거수일투족을 감시할 수 없듯이 학원도 역시 마찬가지입니다. 아이의 몸은 학원에 붙잡아 둘 수도 있겠지만, 공부에 대한 아이의 마음은 더 멀어질 수가 있습니다. 진짜 중요한 것은 공부에 대한 아이의 마음을 다루어 주는 것이지, 아이가 공부하는 것처럼 보여지는 것이 아닙니다.

악화된 관계 - 간섭과 통제 : 아이를 바꿀 수 없다

그러나 아이가 부모의 간섭과 통제하에 있는 것처럼 보이는 순간에도 역시 아이의 생각은 공부가 아닌 딴 곳에 가 있는 경우가 허다하다. 부모의 수고가 헛되고 헛된 일이 되어 버릴 확률은 백 퍼센트다. 그래도 달리 뾰족한 방법이 없기에 부모는 끊임없는 감시와 통제와 잔소리를 해 댄다. 자기의 뜻대로 움직여 주지 않는 아이에 대한 원망과 실망을 가득 담아 수시로 아이에게 공격의 화살(?)을 쏘아 대는 것이다. 그 잔소리라는 화살이 자신의 가슴에 와 꽂힐 때마다 아이는 부모를 향한 분노와 원망을 키워 간다. 절대로 부모에게 지지 않으리라(부모 뜻대로 움직여 주지 않으리라) 다짐하면서 말이다.

부모들이 아이와 잘 지내지 못하는 이유가 무엇일까요? 그것은 바로 아이에게 강요와 강제와 간섭과 감시를 사용한다는 데 있습니다. 부모의 뜻대로 아이가 행동하도록 하기 위해서 부모는 아이를 감시하고 통제하며 강요합니다. 부모가 아이에게 공부를 강요하고 아이의 생활을 통제하고 감시하는 것은, 점수 높은 아이라는 부모의 욕구 충족이 목표이기 때문입니다. 아이 장래를 위해서 그러는 것이라고 말하지만, 냉정하게 살펴보면 그 바탕에 깔린 것은 아이에 대한 소유 의식입니다. 아이를 지배하려고 하는 힘의 욕구가 숨어 있는 것입니다. 아이는 내게 속하여 있으므로 아이를 내 뜻대로 통제할 수 있다는 신념에 부모의 마음이 사로잡혀 있습니다.

물론 부모가 일시적으로 아이의 행동을 감시하고 통제할 수는 있습니다. 그러나 아이의 생각까지 감시하고 통제할 수는 없습니다. 생각은 부모의 눈에 보이지 않기 때문입니다. 다시 말해서 부모가 보지 않는 곳에서라면 아이는 얼마든지 맘대로 할 수 있다는 의미입니다. 따라서 아이를 감시하고 통제하겠다는 부모의 시도 자체가 사실은 불가능한 일입니다. 그 어떤 부모도 아이의 일거수일투족을 모두 감시할 수는 없기 때문입니다. 아이는 더욱 더 교묘하게 부모의 눈을 속이는 기술들을 주변으로부터 전수받고 있을 뿐만 아니라 스스로도 개발해 낼 것입니다.

그러다 보니 부모는 열통이 터질 수밖에 없습니다. 그래서 아이 때문에 미치겠다고 말합니다. 아이를 통제할 수 없다는 말입니다.

– 나를 미치게 하는 것은 바로 내 아이다.

결국 내 불행의 원인은 바로 내 아이라는 말입니다. 부모인 내가 하라는 대로 하지 않는 아이와 어떻게 잘 지낼 수가 있는가, 이게 부모들의 솔직한 심정입니다. "나 좋자고 그러는 거 아니다. 다 너를 위해서 그러는 것인데, 너 정말 왜 말을 안 들어 먹냐?"라고 하소연하지만, 아이는 부모의 그 말을 결코 액면 그대로 받아들이지 않습니다. "결국은 자기가 좋을라고 그러는 거지 뭐." 이것이 아이의 솔직한 심정입니다. "공부 잘하는 자식을 갖고 싶은 거야." 이런 얘기입니다.

전화 벨이 울립니다. 다가가서 전화를 받았습니다. 이런 상황에서 전화를 받은 이유가 뭐냐고 물으면 무엇이라 답하겠습니까? 당연히 벨이 울려서 전화를 받았다고 말할 것입니다. 정말 그럴까요? 받고 싶어서 받은 게 아니구요? 받기 싫은 전화가 있을 때는 벨이 울려도 좀처럼 받지를 않습니다. 따라서 벨이 울려서 받은 게 아닙니다. 받고 싶어서 받은 것입니다. 좀 더 정확하게 표현하자면 전화를 받기로 내가 선택한 것입니다. 벨 소리는 내게 주어진 정보일 뿐입니다. 그 정보를 접하고 나서 어떻게 처리할 것이냐(받을 것이냐, 모른 체 할 것이냐)는 나의 선택입니다.

'아이가 말을 안 듣는다, 아이의 성적이 나쁘다.'는 것은 정보(자극)일 뿐입니다. 그 정보(자극)에 대해서 내가 어떤 태도를 취할 것인지는 나의 선택입니다. 아이의 성적이 나빠서 내가 불행하다는 것은 나의 선택이지 아이의 선택이 아닙니다. 아이의 점수가 나를 불행하게 한 것이 아니라, 아이의 점수에 대한 정보를 갖고 내가 불행해 하기로 결정한 것입니다. 아이의 성적이 나빠도 그것을 가지고 내가 불행해하지 않을 수도 있다는 얘기입니다. 불행해 하는 것은 자신의 선택이기에 그렇습니다.

다른 사람은 우리를 불행하게도 행복하게도 만들 수 없습니다. 다만 정보를 줄 수 있을 뿐입니다. 내게 주어진 그 정보를 보고 난 후, 그 정보에 대해 행복해 할지 불행해 할지는 우리가 선택하는 것입니다. 당신의 불행은 당신의 선택입니다. 이 세상은, 누군가 자신이 바라는 대로 행동하지 않는다면 자신은 결코 행복해질 수 없다고 생각하는 불행한 사람들로 가득 차 있습니다. 내 아이가 내가 바라는 대로 되지 않으면 내가 요구하는 대로 따라 주지 않으면, 나는 결코 행복해질 수 없다고 믿는 불행한 부모들로 가득 차 있습니다.

진정 부모의 행복은 아이가 뭘 하느냐에 달려 있다고 믿습니까? 아이의 성적이 부모의 행복을 결정하는 것이 당연하다고 생각하십니까? 부모가 바라는 대로 아이가 되어 갈 것이냐의 여부가 부모의 행복을 결정합니까? 아이가 뭘 하느냐와 상관없이 부모가 행복할 수는 없는 것일까요? 많은 아이들이 부모를 행복하게 해 주기 위해서 부모가 요구하는 대로 뭔가를 하다가, 정작 아이 자신은 불행해지는 경우가 많이 있습니다. 아이는 그 불행을 견디다 못해 어느 순간 미친 듯이 폭발해 버립니다. 자살이나 가출이나 우울증이나 폭행이나 게임 중독 등으로 말입니다.

부모 자식 간의 갈등 – 옳고 그름이 아니다

부모와 자식 간의 갈등은 '누가 옳고, 누가 틀렸느냐'의 문제가 아니다. 무엇을 선택했느냐의 문제이다. 그런데도 부모들은 자꾸 자신은 옳고, 자식들은 틀렸다고 생각한다. 그래서 자식이 틀렸다는 것을 인정하고 굴복하기를 요구한다. 그러다 보니 자식을 향한 분노와 비난이 거세질 수밖에 없다. 여기서의 핵심은 '옳고 그름'이 아니라 '선택'이다. 그리고 어떤 선택이 더 나은지는 실제로 살아보기 전까지는 그 누구도 알 수가 없다.

부모의 선택이 아무리 좋아 보여도 아이가 원치 않는다면? 원치 않는 바를 누군가 강요할 때 부모 자신은 어떤가? 부모라고 아이의 문제를 다 알 수는 없다. 사실 부모 자신도 정말 자기가 행복한지를 장담하지 못한다. 자기가 선택한 삶이 정말 최선이었는지도 잘 알지 못하면서, 자식의 삶에 대해 이것이 최선이라고 맘대로 단정해도 되는 것일까? 어떤 게 인생에서 가장 행복하고 좋은 것인지를 정확히 아는 사람은 세상에 없다. 우리 자식도 그런 사람 중 하나일 뿐이다. 하지만 스스로 원하는 바를 선택할 자유는 아이들에게도 있다. 부모들에게 있는 것처럼.

부모가 아이에게 자기 생각을 강요하는 이유는 그게 옳(다고 믿)기 때문입니다. 마찬가지로 아이들도 자기 행동이 옳(다고 믿)기 때문에 부모에게 반항합니다. '부모의 강요' 대 '아이의 반항'은, 서로 자신이 옳다고 믿는 데서 기인합니다. 부모가 옳다고 확신하는 만큼, 아이는 부모가 틀렸다고 확신한다는 점을 기억하십시오. 하지만 인생을 더 많이 살았고 어려서부터 아이의 모든 것을 도와주고 키워 왔던 부모의 입장에서는 이런 사실을 결코 받아들이기가 쉽지 않습니다. 어떻게 부모가 틀릴 수 있다는 말인가? 어찌 부모가 아이보다 모를 수 있는가?

부모는 자신이 아이를 통제할 수 있음을 입증하기 위해 아이에게 강요하고, 아이는 부모가 자신을 통제할 수 없음을 입증하기 위해 부모의 지시에 반항합니다. 아이는 부모에게 의지해서만 살았던 어린 시절을 이미 벗어나서 스스로의 힘으로 살기 위한 독립의 길로 접어들었지만, 여전히 부모는 자기에게 의지해야만 살 수 있는 어린 시절의 모습으로 아이를 바라봅니다. 그래서 부모는, 아이에게 무엇이 필요하고 더 좋은지를 자기가 다 안다고 생각합니다. 이것이 바로 부모와 자식의 관계를 어렵게 하는 부모의 그릇된 신념입니다. 사실 부모는 자신에게 무엇이 좋고 옳은지조차도 모를 때가 많습니다. 당신이 선택한 현재의 삶은 당신에게 가장 적절한 것입니까? 더할 나위 없이 행복하고 최선의 삶을 살고 있다고 장담할 수 있느냐는 것입니다.

대부분의 부모들이 아이가 원하는 삶을 살게 하기보다는, 아이가 제대로 된 삶(부모 생각에 최선인 삶)을 살게 하기 위해서 노력합니다. 어떤 경우에는 나처럼 살지 말라고 너는 나보다 더 낫게 살아야 한다고 말하면서 말입니다. 그렇게 아이를 위해서 애쓰고 노력하는데, 그러한 부모의 모든 희생과 노고를 아이가 인정하지 않는다는 것입니다. 여기서 문제의 핵심은, 그러한 부모의 희생적인 수고와 강요가 부모로서는 진정한 사랑인데 아이로서는 지나친 간섭이요 강압이라는 사실에 있습니다.

인간의 죄가 뭡니까? 자기에게 가장 좋은 것이 무엇인지를 자신이 가장 잘 안다고 믿는 데서 비롯되지 않았습니까? 선악과를 따먹은 이유도 눈이 밝아져 하나님과 같이 되려는 것이었습니다. 우리는 내게 무엇이 좋은지를 나 스스로 결정해 놓고 그것이 있어야만 한다고 생각합니다. 그래서 늘상 우리는 이렇게 기도할 수밖에 없습니다.

- 하나님이시여 부디 제 뜻대로 행하여 주시옵소서.

결코 그렇지 않다구요? 우리의 기도를 가만히 들여다보십시오. 우리는 끝없이 무엇을 해 달라고, 해결해 달라고 기도합니다. 그 내용들은 모두, 내가 보기에 선하고 옳다고 여겨지는 쪽으로 상황이 바뀌게 해 달라는 얘기들입니다. 우리는 내 뜻에 부합하지 않는 상황들을 '시련이니 시험이니 어려움이니 곤경이니'라는 말들로 규정하면서 불편해 하고 있는 것입니다. 그런 상황이 못마땅한 이유는 내게 가장 좋은 상황이 어떤 것인지 내가 가장 잘 안다는 믿음이 밑에 깔려 있기 때문입니다.

☞ 다음을 읽고 답하시오.

	그렇다	반반	아니다
좋은 성적을 얻어야 아이의 미래가 보장된다.	①	②	③
공부를 못하면 성공할 수 없다.	①	②	③
공부 못하면 경제적 어려움을 겪게 된다.	①	②	③
공부 못하면 먹고사는 데는 지장이 있다.	①	②	③
아이가 공부를 못하면 부모가 불행해진다.	①	②	③
성적이 나쁘다는 것은 무능력하다는 의미이다.	①	②	③
공부를 안 하는 것은 잘못된 행동이다.	①	②	③
공부 잘하는 것과 돈 버는 것은 비례한다.	①	②	③
공부 잘하는 것과 행복해지는 것은 비례한다.	①	②	③
공부를 잘해야 좋은 남편(아내)를 얻는다.	①	②	③

답한 수치를 더해 보면 최하 10점에서 최고 30점까지 점수가 나옵니다. 점수가 낮을수록 아이와 성적 때문에 관계를 악화시키고 있을 가능성이 높습니다.

친밀한 관계 – 자율과 조언 : 아이를 바꿀 수 있다

부모의 감시와 통제와 잔소리가 아이의 태도를 바꾸지 못한다면(이는 이미 경험을 통해 확인한 바이다), 다른 방법을 써 볼 필요가 있지 않을까? 가령 감시와 통제와 잔소리를 하지 않는 방법 말이다. 감시와 통제와 잔소리를 줄인다면 아이와의 관계가 그만큼 더 좋아질 것이다.

사람은 강요에 의해서 움직이는 것이 아니다. 서로의 친밀한 관계 때문에 움직이는 것이다. 아이도 부모가 무엇을 원하는지 잘 알고 있다. 그러나 부모가 너무나 미워서 부모가 원하는 공부를 하고 싶지도 않고, 할 의욕도 생기지 않는 것이다. 만일 부모가 너무도 사랑스럽고 좋다면, 부모가 원하는 것을 어느 정도 해 줘야 겠다는 생각이 아이에게 들지 않을까?

상대방의 행동이 마음에 들지 않을 때, 우리는 상대방을 감시하고 통제하려는 시도를 합니다. 이러한 감시와 통제 시도는 우리가 자기의 뜻을 상대방에게 관철시키기 위해 선택하는 아주 손쉬운 방법입니다. 부모 역시 마찬가지입니다. 아이의 성적이 마음에 들지 않으면 부모는 아이에 대한 감시와 통제에 들어갑니다. 공부 시간, 친구 만나기, 노는 시간 등에 대해 간섭하기 시작합니다. 이런 경우 부모들이 아이의 행동을 바꾸기 위해서(부모의 요구대로 따르도록 하기 위해서) 흔히 사용하는 통제 방법으로는 비난하기, 위협

하기, 벌주기, 매수하기, 잔소리하기 등이 있습니다.

부모의 생각은 이렇습니다.

- 우리 가정에 문제가 있다. 원인은 아이의 행동(나쁜 성적/공부 안 하기)에 있다. 문제를 해결하기 위해서는 아이의 행동을 바꾸어야 한다. 부모로서 나는 당연히 아이의 행동을 바꿀 수 있다.

부모의 마음에 들지 않는 아이의 행동(공부 안 하기, 낮은 성적, 컴퓨터 게임 하기 등)을 바꾸기 위해서 부모는 감시와 통제를 시도합니다. "맨날 게임만 하냐?"며 화를 내고 비난하거나, 여러 가지 방식으로 벌을 주거나, 뭘 사주겠다고 꼬시거나, 지속적으로 소리치며 잔소리를 해 댑니다. 부모는 오로지 아이의 행동에 변화를 주기 위해서 아이를 향한 감시와 통제에 몰두합니다.

그러나 그렇게 아이를 바꾸려고 최선을 다하면서도 부모 자신을 바꾸려는 노력을 해 볼 생각은 전혀 하지 않습니다. 변해야 할 대상은 아이지 부모가 아니라고 확고하게 믿고 있기 때문입니다. 이 모든 사태의 원인은 아이의 행동에 있다는 것이 부모가 품고 있는 기본적인 신념입니다. 공부를 안 하는 게(나쁜 성적) 문제지, 공부를 많이 하라는 게(좋은 성적)이 뭐가 문제냐는 얘기입니다.

하지만 이런 식의 아이를 향한 통제 시도는 문제 해결을 위한 적절하고 가능한 방법이 아닙니다. 사실 이런 식의 외부통제(감시, 강압, 비난)는 부모와 아이 사이에 존재하는 힘의 역학을 반영하고 있습니다. 힘의 역학은 강한 쪽이 약한 쪽을 누르는 것입니다. 상대가 힘이 약할 때만 강요가 먹힌다는 말입니다. 아니 실상은 먹히는 것처럼 보이는 것입니다. 그래서 부모에 대한 의존성이 큰 초등학교 때는 부모의 감시와 통제가 쉽게 먹히는 것처럼 보입니다. 아이가 순순히 부모의 요구대로 너무나 잘 따라 줍니다.

그러나 사춘기로 접어들면서부터는 더 이상 아이들이 부모에게 의존하지 않습니다. 부모와 아이 사이의 힘의 역학이 변하였기 때문입니다. 아이는 더 이상 부모의 요구에 순순히 응하지 않습니다. 아이가 크면서 조금씩 부모의 힘에 대항할 수 있을 만큼 자라게 되면, 더 이상 아이의 행동은 바뀌지 않고 (부모의 요구대로 따르지 않고), 오히려 부모와의 관계만 악화됩니다. 아이와의 대화나 소통이 단절되고, 아이는 "말이 안 통해."라고 외치며 부모로부터 멀어져 갑니다.

자기의 말이 더 이상 먹혀 들어가지 않음을 보고 충격을 받은 부모는 화가 나서 더 강하게 아이를 감시하고 통제하기 시작합니다. 아이 역시 대꾸 안 하기, 방문 걸어 잠그기, 가출 등 좀 더 강한 방식으로 반항합니다. 부모와 아이 사이에 힘겨루기가 벌어지는 것입니다. 부모는 아이가 틀렸고 자기가 옳음을 입증하기 위해 더욱 애를 씁니다. 그러다 보니 아이에 대한 분노가 더욱 더 커져 갑니다. 부모가 보기에 아이는 점점 옳지 못한 짓거리를 고집하는 천하에 몹쓸 인간으로 변해 갑니다. "우리 애가 예전에는 안 그랬는데, 왜 이렇게 변했는지 알 수가 없어요."라는 탄식이 부모의 입에서 저절로 흘러나옵니다.

이 사태를 해결하기 위해서는 좀 더 효과적인 통제 방법의 발견이 아니라, 상황을 보는 관점의 변화가 필요합니다. 아이와의 갈등 상황이 갖고 있는 문제의 핵심은 '누가 옳고 누가 그르냐'가 아닙니다. 그러니 더 이상 아이가 틀렸고 부모가 맞음을 입증하려 애쓰지 마십시오. 누가 옳은지를 따지지도 마십시오. "너는 왜 부모가 옳은 얘기를 하는데도 들어먹지를 않느냐?"고 몰아세우지 마십시오. 아이는 부모가 옳다고 여기지 않습니다. 아니 부모가 옳은 만큼 자신도 옳다고 여깁니다. 그래서 물러설 생각이 전혀 없는 것입니다.

이 난관을 극복하기 위해서 부모가 할 일은 아이의 잘못을 지적하고 고치는 것이 아니라, 오직 부모의 말과 행동이 지금 아이와의 관계에 도움이 될 것인지만을 생각하는 것입니다. 아이의 행동을 변화시킬 수 있는 유일한 길은 아이와 가까워지는 것입니다. 친밀한 관계만이 아이의 행동을 통제할 수 있습니다. 그러니 부모의 행복을 위해 아이가 뭔가(공부) 해 주기를 바라지 말고, 아이와 함께 무엇을 하면 부모가 행복해질 것인지를 생각해 보도록 하십시오. 그렇게 함으로써 아이와의 친밀한 관계를 만들어 갈 수 있습니다. '아이를 통제하기'로부터 '아이와 친밀해지기'로 관점을 바꾸십시오.

아이를 움직이는 것은 친밀한 관계입니다. 사랑에 빠지면 사랑하는 사람을 위해 무슨 일이든지 하려고 합니다. 마찬가지로 부모와의 관계가 친밀하면 아이는 부모가 좋아하는 행동을 해 보려고 시도합니다. 부모가 그렇게 원하고 바라는 공부를 해 보겠다고 결심합니다. 자기가 좋아하는 연예인을 한 번 보기 위해서 방송국 앞에서 날밤을 새우듯이 말입니다. 연예인 때문에 죽고 못사는 아이가 부모 때문에 죽고 못사는 아이로 바뀌는 것은 불가능하다고 생각하십니까? 왜 아이를 낳아 주고 키워 준 부모가, 아이가 물에 빠지면 가장 먼저 뛰어들어 아이를 구하고 죽을 수도 있는 부모가 연예인보다 못한 처지로 남아 있어야 할까요? 그 이유는 뭘까요?

아이와의 관계 회복을 위해서는 생각을 바꿀 필요가 있습니다.

- 내가 너의 행동 때문에 힘들어. 그래서 나는 나의 행동을 바꾸어야
  하겠다고 생각했다.

아이의 행동이나 말투를 바꾸려 하기보다는 내 행동이나 말투를 바꾸려고 시도하는 것이 훨씬 더 가능하고 현실적인 길입니다. 남을 움직이는 것은 내 의지대로 되지 않습니다. 상대의 목숨 줄을 쥐고 있거나, 상대보다 월등

하게 힘이 세지 않는 한, 상대는 내 의지대로 따라 주지를 않습니다. 사춘기에 이른 아이는 이미 부모가 자기를 내쫓을 수 없다는 것을 알고 있습니다. 그러니 아이가 부모의 협박에 굴복할 리가 있습니까? 아이의 행동을 부모가 강제로 통제할 수 없다는 얘기입니다.

아이의 행동을 바꾸는 것은 내 의지대로 할 수 없지만, 아이를 향한 내 행동과 말을 바꾸는 것은 내 의지대로 할 수 있습니다. 아이가 공부하도록 강요하고 비난 하는 대신에 아이와의 관계가 좋아질 수 있도록 말하고 행동하는 것입니다. 우리가 학교나 직장 친구들을 대할 때 하는 방식으로 말입니다. 친구에게는 결코 비난하거나 윽박지르는 식으로 대응하지 않습니다. 가급적 상대의 자존심이 상하지 않도록 배려하면서 대화합니다. 만일 그렇지 않으면 순식간에 우정이 깨지기 때문입니다.

만일 친구가 성적이 나쁘다고 합시다. 그러면 그 친구를 위한답시고, 공부하라고 윽박지르고 비난하고 "그 따위로 하면 네 인생이 거지밖에 더 되겠냐?"고 몰아세울 것입니까? 옛날 우리의 학창 시절을 한 번 떠올려 봅시다. 그 시절에 반에서 성적이 나쁜 아이들을 친구인 우리가 그런 식으로 상대했습니까? 만일 우리가 그런 식으로 상대했더라면, 그 친구의 성적이 올라가고 서로 간의 우정이 더욱 돈독해졌을까요? 누구도 친구를 그런 식으로 대하지는 않았을 것입니다. 오히려 성적 때문에 윽박지르는 부모나 교사로부터 상처받은 친구의 입장을 위로하려 했을 것입니다. "공부 아니라도 살 길은 다 있어. 그까짓 게 대수냐? 우리 기분도 풀 겸 놀러 가자."

부모의 권위 유형

① 통제형 – 힘으로든 대화로든 아이 의사를 받아들이지 않고 부모의 의도대로 행동하게 만든다. 그리고 아이의 문제 해결책을 부모가 일방적으로 다 제시해 준다. 부모는 부족한 아이를 설득할 수 있다. 그리고 아이는 부모의 의견에 복종하는 것이 당연하며, 아이 장래를 위해서도 유익하다.

② 민주형 – 아이의 의견을 듣고 부모의 의견을 제시한 후 아이가 선택하게 해 준다. 아이에게 먼저 문제 해결책으로 묻고 아이 의견을 들어 주며 지지해 준다. 더불어 아이가 보지 못한 문제 상황에 대해 질문하고 설명해 준다. 그리고 더 좋은 방법은 없는지에 대해 함께 고민하고 탐색해 본다. 최종 선택은 아이의 몫이다. 일단 선택한 결과에 대해서 토를 달지 않는다. 아이의 선택에 대해 비난하거나, 바꾸도록 시도하지 않는다.

③ 방임형 – 아이가 하고 싶은 대로 하도록 내버려 둔다. 자율적이라기보다는 무관심한 것이다. 아이가 말하는 문제 해결책에 대해 무조건 긍정한다. 사실은 부모가 진지하게 고민하지 않기에 해 줄 얘기가 없다. 아이의 비위만 맞추고 아이가 기분 좋을 대답만 해 준다. 아이가 모르는 문제점을 제시해 주거나, 더 나은 방법을 찾아보는 수고를 할 여유가 없다.

누군가의 간섭과 강요에 의해 내 행동을 바꾸기는 정말 어렵습니다. 아이들 역시 마찬가지입니다. 하지만 내가 스스로 결심하여 내 행동을 바꾸는 것은 훨씬 수월합니다. 인간은 자신의 말이 수용되고 이해될 때 마음이 움직입니다. 자기의 의견이 존중받고 인정받을 때, 상대의 말에 관심을 기울일 여지가 더 늘어난다는 말입니다. 부모도 그렇고 아이도 그렇습니다. 아이가 부모의 말에 귀 기울이지 않는 것을 보고, 부모는 더욱 열을 받고 아이의 얘기를 더욱 무시합니다. 아이 역시 자기 말을 인정하지 않는 부모의 태도에 열이 받쳐서 부모의 말을 무조건 거부하려 합니다. 악순환인 것입니다. 누가 그 연결 고리를 끊어야 할까요?

내가 행하는 '상대에 대한 강제 시도'는, 너의 말이 거부되었으며 이해되지 않을 것이라는 강한 의사 표시입니다. 그러면 상대가 내 의견을 존중하고 고려해 볼 여지는 더욱 희박해집니다. 따라서 아이에게 부모의 입장을 따르도록 압박하는 것보다는 아이의 입장이 무엇인지를 충분히 들어주고 인정해주는 것이 훨씬 더 아이를 움직이는 데 도움이 됩니다. 지금 당장은 아이가 부모의 입장을 받아들이지 않을지라도, 이후에 다른 갈등 상황이 생겼을 때 아이가 부모의 입장을 더 많이 수용할 가능성이 훨씬 높아지는 것입니다.

05 성적에 대한 태도

☞ 어리석은 사람은 마음속으로 '하나님이 없다.' 하는구나. 그들은 한결같이 썩어서 더러우니, 바른 일을 하는 사람이 아무도 없구나. (시14:1)

많은 부모들의 마음을 사로잡고 있는 생각은 아이가 미래에 잘살아 갈 수 있도록 해 주고 싶다는 것이다. 그래서 아이의 성적에 관심을 갖는다. 아이의 인생을 책임져 줄 수 있는 길은 성적을 올리는 것이다. 좋은 점수는 좋은 대학, 좋은 일자리, 좋은 삶으로 이어진다. 좋은 점수야말로 인생의 복음이다. 이렇게 믿는 사람은 그 마음에 이르기를 '하나님은 없다.'고 외치는 것이다. 아이의 인생을 책임져 주는 것은 성적이 아니라 하나님이시다. 점수는 좋을 수도 있고 나쁠 수도 있다. 점수는 그 때 공부한 만큼 받는 것일 뿐이지, 아이의 미래 삶까지 책임지는 신(우상)이 될 수는 없다. 쉽사리 받아들여지지 않는가? 그대의 마음은 '하나님이 없다.'고 외치고 있다.

☞ 다음 중 공부에 해당한다고 생각되는 것을 ∨ 하시오.

① 소설책 읽기 　　　　　　　　　_____
② 친구들과 놀기(또는 수다 떨기)　_____
③ 축구나 야구 같은 운동을 하기　 _____

④ 텔레비전 보기　　　　　＿＿＿＿
⑤ 영화 보기　　　　　　　＿＿＿＿
⑥ 만화책 보기　　　　　　＿＿＿＿
⑦ 교과서 읽기　　　　　　＿＿＿＿
⑧ 학원 가기　　　　　　　＿＿＿＿
⑨ 숙제 하기　　　　　　　＿＿＿＿
⑩ 문제집 풀기　　　　　　＿＿＿＿
⑪ 컴퓨터 게임 하기　　　　＿＿＿＿

　부모들에게 있어서 공부란 점수 올리기에 보탬이 된다고 생각되는 것입니다. 아이들이 만약에 점수 올리기가 왜 공부냐고 묻는다면 대부분 황당하다는 표정을 지을 것입니다. 하지만 만약에 예수께서 진지한 표정으로 그런 질문을 던진다면 잠시 고민하겠지요. 아이들은 공부하기 싫다는 말을 통해 왜 점수 올리기가 공부여야 하는지를 묻고 있습니다. 점수만 올리면 인생살이가 다 해결된다고 믿는 부모의 믿음(신앙)에 이의를 제기하고 있는 것입니다. 아이의 이의 제기에 대해 심각하게 고민해 보셨습니까?
　공부란 삶을 배우는 것입니다. 그렇다면 아이들에게 있어서는, 그들이 하고 있는 모든 행동이 공부인 것입니다. 아이들에게 정말 중요한 것은 '점수를 얼마나 올렸느냐'가 아니라, '얼마나 배우는 즐거움을 맛보았느냐'입니다. 게임을 통해서조차도 아이들은 배우는 즐거움을 맛볼 수 있습니다. 게임의 규칙과 작동 방식을 이해하기 위해 또는 새로운 게임 기술을 알기 위해 아이들은 애를 씁니다. 그리고 마침내 알아내 가는 과정이 힘들지만 즐기고 있음을 봅니다.

배우는 즐거움을 맛보며 자란 아이들은 학교를 졸업한 후에도 평생 무언가를 배우려고 할 것입니다. 회사 일이든, 가정 일이든, 자녀 교육이든, 취미 생활이든, 사업이든 모든 영역에서 말입니다. 그들에게 배움은 즐거운 것이고 그래서 배움을 통해 사는 즐거움을 누리면서 그 배움의 결과로 자기 능력 또한 계속적으로 키워 나갈 수 있습니다. 그렇기에 그들은 평생을 발전할 수 있는 실력을 갖추고 있는 셈입니다. 그래서 점수 올리는 것보다 배우는 것 자체가 즐거운 일임을 경험하는 게 훨씬 더 중요합니다.

하지만 비록 부모의 강요에 따라 점수를 올리기는 했지만, 배우는 즐거움이란 것을 맛보지 못했던 아이들, 특히나 배움이라는 고통을 늘 맛보고 살았던 아이들은, 시험이라는 제도가 끝나는 순간부터는 무언가 배우는 것을 기피하는 쪽으로 가려 할 것입니다. 그에게는 배운다는 것이 고통으로 각인되어 있기 때문입니다. 그렇게 배움을 기피하는 만큼 그는 변화무쌍한 사회에서 지속적인 배움을 통해 자기 능력을 발전시켜 나갈 수 있는 가능성이 줄어들 수밖에 없습니다. 점점 무능력해지는 것입니다. 앞으로 우리 아이들이 살아가는 시대는 너무 자주 새롭게 축적되는 지식으로 말미암아 학교 때 배운 지식을 가지고는 명맥을 유지하기가 힘이 듭니다. 그래서 지식 산업 사회라고 합니다.

성적표의 의미

학교 성적표의 의미는 무엇인가? 학교 성적표는 학교라는 울타리 안에서 주어진 과제를 성취하기 위해 열심히 노력한 정도를 보여 주는 표이다. 좀 더 정확히 말하자면, 학교 다닐 때 점수 따기(암기력 훈련)를 위해 열심히 노력해 본 경험이 있으니, 사회에 나와 다른 일에도 마찬가지의 열심을 낼 수 있지 않을까 하는 기대치를 보여 줄 뿐이다.

그렇다면 정작 중요한 것은 성적표가 아니라 무엇인가를 열심히 노력해 보았다는 사실 즉 경험이다. 그것이 교과서 외우기든, 운동이든, 악기 연주든, 기계 조작이든, 놀기든, 소설이든, 영화든지 간에 개인과 사회에 긍정적으로 기여할 수 있는 어떤 일이라면, 마찬가지의 의미를 갖는다. 굳이 성적표에 연연하지 않아도 괜찮다는 것이다. 반드시 교과서 외우기만을 열심히 해야 한다는 강박증에 사로잡힐 이유가 있을까?

진정 우리 아이는 공부를 열심히 해야 한다. 그 공부의 내용은 무엇이든 상관없다. 굳이 학교 교과서 외우기에만 한정하려 애쓰다 보면 아이의 자신감과 잠재적 능력을 억압하고 무시해야 하는 상황에 빠지게 된다. 부모가 진정 관심을 가져야 할 것은, 아이가 무언가에 몰두하기 위해 자신의 욕구와 생활을 절제할 수 있는 능력을 키워 나가는 것이다. 그것이 바로 아이의 평생을 먹여 살려 줄 진정한 공부요 실력인 것이다.

학교 성적이 좋다는 말은, 암기 공부를 열심히 했다는 것을 의미합니다. 인생을 살아가는데 암기 공부만 열심히 하면 모든 게 다 됩니까? 그렇지는 않습니다. 인간이 가진 능력 중에 가장 단순한 기능이 암기입니다. 암기는 동물도 다 합니다. 어떤 분야에서는 인간보다 더 뛰어나기도 합니다. 냄새에 관한 한, 개의 암기 능력은 인간이 따라갈 수 없을 정도입니다.

우리는 흔히 학교 성적이라는 결과치를 중요하게 생각합니다. 성적이 높으면 그만큼 더 능력 있고 실력 있는 존재가 되었을 것이라고 여기기 때문입니다. 그런데 사실 학교 다닐 때 성적이 높다는 결과치 자체가 그렇게 의미 있는 것은 아닙니다. 학교를 졸업하고 나면 학교 때에 배웠던 지식은 대부분 잊어버리는 경우가 많다는 사실만 봐도 그렇습니다. 좀 더 처절하게 표현하자면 시험 끝나자 마자 다 잊어버립니다. 학교 성적이 갖고 있는 의미로서 진짜 중요한 부분은 열심히 했다는 사실에 있습니다. 성적의 결과치보다는 '열심히'에 중점을 두어야 한다는 것입니다.

도둑질 빼놓고 무엇이든 열심히 해야 돈도 벌고, 출세도 하고, 성공도 합니다. 김연아도, 소녀 시대도, 안성기도, 틈새라면 사장도 무언가를 열심히 한 것입니다. 피겨 스케이트를, 노래를, 연기를, 라면 끓이기를 열심히 했습니다. 틈새라면 사장의 성공기를 TV에서 방영한 적이 있습니다. 취직 시험 준비하는 동안 라면을 끓여 먹을 때 물의 양, 불의 강도, 끓이는 시간, 스프와 라면을 넣는 시간 등 여러 조건들을 다양하게 바꿔 가면서 끓여 보았다고 합니다. 그래서 수년 만에 가장 맛있게 라면을 끓이는 방법을 알게 되었다고 합니다. 취직 시험에서는 고배를 계속 먹었으나 라면을 '열심히' 끓여 먹은 덕에 그는 라면집을 차려서 성공했습니다.

하지만 '열심히'라고 해서 다 같은 것은 아닙니다. 성적표만으로 보면 똑같이 열심히 한 것처럼 보이지만, 실제로는 서로 다를 수가 있다는 얘기입니다. '열심히'에도 '하고 싶어서 한 열심히'가 있고 '마지못해서 한 열심히'가 있습니다. 부모의 강요와 위협에 짓눌려 '마지못해서 하는 열심히'는 결국 그 강제력이 더 이상 힘을 발휘하기 힘든 상황(아이의 성장)이 되면 효용력을 상실합니다. 그 동안 억눌렸던 것에 대한 반항과 보복이 심각하게 발생합니다. 갑자기 아이가 이상해지는 것입니다. 예전에는 상상할 수 없었던 반항과 폭력이 나타납니다.

결과치(성적 순위)에 대한 집착은 부모로 하여금 '마지못해서 하는 열심히'로 아이를 몰아가게 합니다. 성적 결과에 대한 부모의 집착이 강하면 강할수록 부모는 아이를 위해 진정 필요한 것이 무엇인지를 판단할 수 있는 객관적 시각을 상실하게 됩니다. '마지못해서 하는 열심히'는 아이를 보지 않고 성적 순위에만 집착합니다. 아이가 자기 인생을 성공적으로 살아가기 위해서 진정 필요한 것은 하고 싶어서 열심히 하는 능력입니다. 하고 싶어서 열심히 하는 능력이야말로 평생을 먹여 살려 주고 인생을 행복하게 해 줄 수 있는 능력입니다. 하고 싶어서 열심히 하는 경험을 되풀이하다 보면 아이는 어렵고 힘든 것조차도 열심히 시도해서 자기를 성장시켜 나가는 삶을 살게 됩니다. 따라서 무엇이 되었든 간에 아이가 하고 싶어서 열심히 해 보는 경험을 많이 시키는 게 중요합니다. 무작정 공부를 열심히 하는 게 우선이 아닙니다.

성적에 집착하는 이유

사실 우리네 사회 현실을 되짚어 보자면, 아이에게 헌신하는 좋은 부모라는 타이틀을 확보하고 싶은 부모의 욕망 때문에, 혹은 자녀를 훌륭하게 교육시킨 능력 있는 부모라는 인정을 얻고 싶은 부모의 욕망 때문에 아이의 성적에 집착하는 부모들이 많음을 볼 수가 있다. 자식을 모두 명문대에 보낸 자랑스러운 어머니에 대한 책이 서점가에서 팔려 나가는 것을 보면, 부모가 품고 있는 욕망의 실체를 얼핏이나마 엿볼 수 있다. 아이의 성적 때문에 불행해지는 부모, 그 부모를 바라보며 자기의 무능력을 자책하는 아이, 이들을 향해 성적을 올리기 위한 방법을 판매하는 사회, 그게 우리가 몸담고 있는 현실이다.

엄마로서 절대로 포기할 수 없는 게 과연 무엇일까? 아이의 성적일까? 아니면 아이일까? 부모 된 입장에서야 아이의 인생을 위해서 절대로 아이의 성적을 포기할 수 없는 것이라고 주장하겠지만, 진정 그 말을 액면 그대로 믿어도 되는 것일까? 어쩌면 성적(부모의 욕심)을 위해서 아이를 포기하고 있는 것인지도 모른다는 생각은, 부모의 사랑을 왜곡하는 위험하고도 삐뚤어진 편견에 불과한 것일까? 심각하게 고민해 볼 일이다.

성적 신화가 있습니다. 성적은 돈과 출세와 성공을 가져다준다는 것입니다. 그리고 그렇게 얻어진 돈과 출세와 성공이 인생의 행복을 보장해 준다는 것입니다. 이러한 믿음은 아주 강력한 종교가 되었습니다. 공식적인 종교로 인정받지는 못했지만, 그 어떤 종교보다도 가장 강력한 힘을 행사하고 있습니다. 불교도 기독교도 무종교도 이 앞에서는 전부 무릎을 꿇습니다. 오히려 그 신화에 대한 굳건한 믿음을 갖고 있기에 하나님도 찾고 부처님도 찾는 상황이 펼쳐집니다. 부모는 아이가 점수를 많이 따게 해 달라는 기도를 열심히 합니다. "점수만이 우리애의 행복을 책임져 줄 수 있습니다. 부디 공부 잘하게 해 주소서." 그래서 하나님도 필요하고 부처님도 필요합니다. 이게 우리의 뼈아픈 현실입니다. 하나님을 믿는다고 하지만 사실은 점수를 믿는 것입니다. 아무리 그래 봐야 공부 못하는 놈은 하나님도 어쩔 수 없다는 것이지요.

정말 성적이 높을수록 돈을 잘 벌고 출세하고 성공을 하는 것일까요. 김연아는 학교 때 성적이 좋아서 수십억을 버는 것일까요, 소녀시대는 학교 때 성적이 좋아서 음반이 잘 나가는 것일까요, 안성기는 학교 때 성적이 좋아서 유명 배우가 되었나요, 이삭토스트 대표는 학교 때 성적이 좋아서 사업에 성공했나요? 우리 동네 빵 가게 사장은 학교 때 성적이 좋아서 매출이 좋은가요? 학교 때 성적이 좋으면 로또도 잘 당첨되고, 주식도 상종가를 치고, 집값도 덩달아 잘 뛰나요? 공부 잘해서 일류 대학 가고, 일류 기업 취직해서 좋아하던 사람들이 50쯤 되면 무얼 하고 있을까요? 아마도 상당수 쫓겨나서 먹고살 궁리하고 있을 것입니다.

성적이 돈과 성공과 행복을 보장하는 것이 아니라면 공부해야 하는 진짜 이유는 뭘까요? 공부라는 것은 쪽팔리지 않기 위해서 하는 것입니다. 인간다운 인간으로 살기 위해서 하는 것입니다. 인간으로서의 교양을 위해서 하는 것입니다. 나의 생활의 유익과 편리를 위해서 하는 것입니다. 구구단을 알아야 돈 계산을 할 것 아닙니까? 사람들과 업무상으로나 어떤 친분 관계로나 대화하는 자리에서, "로미오와 줄리엣을 읽어 보셨나요?"라는 질문에, "로미오는 읽었는데 줄리엣은 아직 못 읽었어요."라는 식의 반응을 보여서는 곤란하지 않겠습니까? 비록 미적분을 잘 풀지는 못해도, 그게 내 생활에는 직접적인 도움은 안 되는 지식이지만, 수학에 나오는 골치 아픈 거라는 정도는 알고 있어야 대화하는 데 도움이 되지 않겠습니까? 만일 나와 거래하는 사람이 수학 분야에 흥미와 재능이 있는 사람이라면, 미적분을 무슨 밀가루 공장 정도로 생각하고 있는 나를 발견하는 순간, 그런 나를 믿고 과연 그 사람이 선뜻 계약서에 사인을 할 것 같지는 않습니다.

부모의 뿌듯함

그 동기야 어찌 되었든지 간에 아이가 수업 시간에 남들보다 더 잘하는 것은 부모의 마음을 흡족하게 하는 일이다. 요즘은 학교에서 수업하는 모습을 부모들에게 공개하는 날이 있다. 여러 학부모가 함께 모여 참관하는 공개 수업 시간에 자기 애가 교사의 질문에 시원시원하게 잘 대답하고, 교사 역시 그 아이를 상대로 다른 아이들보다 더 많은 시간을 할애하며 수업을 진행하는 것을 보고 있노라면, 그 아이의 부모는 얼마나 가슴이 뿌듯하겠는가?

하지만 진짜로 아이에게 중요한 것은 부모의 뿌듯함이 아니라는 사실을 잊지 말아야 한다. 부모의 눈앞에 전개되는 수업이라는 쇼에서 만족감을 맛보고 싶어서, 아이의 자발적인 태도와 습관 형성을 대수롭지 않게 간과하는 우를 범해서는 곤란하다.

내 아이가 공부를 잘 한다는 사실은 부모에게 뿌듯함을 선사합니다. 반면에 성적이 상대적으로 낮은 아이를 가진 부모는 열등감을 느끼곤 합니다. 자기 성적도 아닌데 왜 부모는 열등감을 느끼고 아이에게는 화를 내게 되는 것일까요?

- 저게 내 자식이라고 쪽팔려서리.

이것이 부모의 마음에 담겨 있는 생각입니다. 수긍이 가시죠.

- 저게 내 부모라니 쪽팔려서리.

이것이 아이의 마음에 담겨 있는 생각이라면, 그 마음을 충분히 수용할 수 있겠습니까, 부모로서 나는?

아이가 어느 대학을 갔느냐에 따라 회사에서 아버지의 태도가 다르게 나타나는 경우도 있다고 합니다. 오히려 회사에서 승진한 사람은 의기소침해 있고, 승진에서 누락된 사람은 우쭐해 있습니다. 승진한 사람의 아이는 대학 입시에서 물을 먹었는데, 승진에서 누락된 사람의 아이는 소위 일류 대학이라는 곳에 덜컥 붙은 겁니다. 아이의 대학이 아버지의 가치를 결정해 버린 경우입니다. 왜 부모가 아이의 성적에 근거해서 자신의 행복과 가치를 규정하고 있는지, 그게 과연 현명한 삶의 태도인지 한 번 심각하게 고민해 볼 필요가 있습니다.

부모가 이건희가 아니어서 불행하다는 아이를 도대체 어떻게 해야 할까요? 비록 내가 이건희만큼 부자는 아니지만, 그 누구보다도 너를 사랑하고 너를 위해 열심히 돈을 버는데 어찌 그딴 식으로 말을 하느냐, 부모 자식 관계가 무슨 돈으로 평가되는 것이냐고 호통을 치시겠습니까? 그렇다면 내 아이가 우등생이 아니어서 불행하다는 부모는 또 어떻게 해야 하나요? 어찌 부모 자식 관계가 점수 따위로 평가되어질 수 있는 것이겠습니까? 아이의 점수가 나쁘다고 쪽팔리고 화가 나고 아이의 미래가 걱정되는 것이나, 부모의 벌이가 성에 차지 않아서 쪽팔리고 화가 나고 미래가 걱정되는 것이나 별반 다를 게 없다고 여겨집니다.

부모가 하고 싶은 것.

아이들에게 있어서 공부는 '부모가 원하는 것'이다. 다시 말해서 부모가 끔찍이도 바라는 것이다. 아이를 공부시키는 것이 부모가 하고 싶은 것이기에, 부모에게 경제적으로나 심리적으로나 의존 상태에 있는 아이들은 어쩔 수 없이 해야만 하는 과제인 것이다. 자기 욕구 충족을 위해서가 아니라, 부모의 욕구 충족을 위해서 해야만 하는 의무이다.

'아이 공부시키기'는 부모가 하고 싶은 것이다. 부모가 해야 할 것이 아니다. 수긍하기 어려운가? 부모가 해야 할 것은 '아이가 잘 자라게 하는 것'

이다. 부모에게 전폭적으로 의존하던 단계에서 서서히 자기 스스로 선택하고 결정하는 단계로 잘 성장해 가게끔 돕는 것이다. 아이가 공부를 하고 싶다고 하면 할 수 있게 해 주는 것이지, 부모가 아이에게 공부하기를 강제하는 것이 되지 않아야 한다는 말이다.

사실 공부는 누구나 다 한다. 같이 놀면서 배우고, 학교에서 수업도 받고 한다. 문제는 성적(등수)이다. 흔히 공부라고 불리는 성적이다. 남보다 좋은 성적을 받아야 한다는 부모의 기대가 (부모가 하고 싶은 것이) 문제인 것이다. 공부는 아이가 해야 할 바다. 그러나 성적(등수) 올리기는 아이의 해야 할 바가 아니라 부모가 하고 싶은 것이다.

아이의 공부는 아이가 원하는 게 아니라 부모가 원하는 것입니다. 정확히 말하자면 성적 올리기는 부모가 하고 싶은 것입니다. '아이를 위해서'라는 말을 앞세워 자기가 원하는 것을 아이에게 요구하고 있는 것입니다. 공부를 열심히 해야 네 능력이 자라고 네 인생을 살 수 있는 폭이 넓어져 그러니 점수를 올려라. 사실 부모의 마음은 공부 자체보다는 시험 점수 올리기에, 남의 아이보다 등수 높이기에 더 기울어져 있습니다.

아이들에게 있어서는 삶 자체가 공부입니다. 친구와 놀고, 텔레비전을 보고, 여행을 하고, 인터넷을 뒤지고, 콘서트에 가고, 집안 청소를 하고, 이불을 개고 등등 말입니다. 하지만 부모는 아이의 공부보다는 성적 올리기에 더 많은 관심을 갖고 있습니다. 아이의 성적이야말로 자신이 원하는 것이기 때문입니다. 옆집 아이보다 내 아이가 등수에서 밀리는 것을 참을 수가 없는 것입니다. 아이 자신이 쪽팔리는 것이 아니라, 부모의 인생이 쪽팔린다는 것이 문제의 핵심입니다.

　부모는 아이의 성적에다가 자신의 행복을 연결시켜 놓았습니다. 자기의 존재 가치와 행복을 아이에게 의존하는 것입니다. 그래서 아이를 향해 '너 (성적) 때문에 나는 불행해.'라고 끊임없이 암시를 불어넣습니다. 아이로서는 '자기(성적) 때문에 불행한 부모'라는 엄청난 짐을 감당해야만 합니다. 도저히 성적은 잘 안 오르고 부모의 기대에 대한 부담감이 커지면서 아이의 삶은 너무도 힘들어집니다. 그러다가 성적 때문에 자살할 수도 있습니다. 자기가 사라지면 성적도 사라지고 부모도 더 이상 불행해야 할 이유가 없어진다고 생각하기 때문입니다.

☞ 내가 아이의 미래 행복을 위해서 해 줄 수 있는 것은 _____

① 좋은 대학에 들어가게 해 주는 것이다.
② 돈을 많이 벌어 유산을 남겨 주는 것이다.
③ 생계유지할 수 있는 확실한 기업(회사, 식당, 농장, 주유소 등)을 물려주는 것이다.
④ 신앙 안에서 하나님의 말씀대로 키우는 것이다.
⑤ 자기가 하고 싶은 것을 해 볼 수 있도록 지원해 주는 것이다.
⑥ 자기가 알아서 하도록 그냥 내버려 두는 것이다.

기타 _____

많은 부모들이 대개 ①번 항목을 마음에 품습니다. 가장 손쉽게 할 수 있을 것 같기 때문입니다. 그리고 주변에서들 그것을 중요하게 여겨 많이 얘기들 합니다. 하지만 진짜 아이에게 실속 있는 것은 ②번 항목이나 ③번 항목입니다. 어차피 좋은 대학을 꿈꾸는 부모의 논리가 돈 잘 벌자는 것 아닙니까? "밥벌이 잘하려면 좋은 대학 나와야 해." 이것이 한국 부모들이 믿고 있는 아이 미래를 위한 가장 흔한 처방전입니다. 아예 부모가 돈을 잘 벌어서 물려주는 게 아이의 입장에서는 자기가 돈을 잘 버는 것보다 훨씬 더 쉽고 확실한 방법이지요. 문제는 부모가 그럴 형편이, 능력이 안 되니까 아이를 향해 좋은 학교 가야한다고 다그치게 되는 것입니다.

분명한 것은 위의 항목 중 어느 것을 선택하든 부모가 아이의 미래에 관여할 수는 없다는 사실입니다. 설령 위 항목 모두를 다 해 줄 수 있다고 해도 결과는 마찬가지입니다. 사실 부모가 아이를 위해 해 줄 수 있는 것은, 지금 이 순간 아이로 하여금 부모와 함께 살면서 행복을 느낄 수 있게 하는 것입니다. 내가 아이를 위해 지금 어떤 것을 해 줌으로써 내가 아이의 미래를 행복하게 만들 수 있으리라는 기대는 부모의 지나친 자기 과신입니다. 솔직히 말해서 부모인 내가 내 미래의 행복조차도 결정할 수 없는데, 하물며 내가 아닌 자식의 미래 행복을 어떻게 결정할 수 있겠습니까?

아이의 행복

부모가 진정으로 원하는 것이 무엇인가?
– 엄마(아빠)의 행복인가, 아니면 아이의 행복인가
당연히 아이의 행복이라고 말하겠지만 사실은 그리 단순하지가 않다. 많은 경우에 아이의 행복보다는 엄마(아빠)의 행복을 우선시하고 있기 때문이다. 하지만 엄마(아빠)는 그렇게 생각하지 않는다. 자신은 언제나 아이의 행복을 우선시하고 있다고 굳게 믿고 있다. 그래서 어렵다.

질문을 조금 바꿔 보자. 부모가 진짜 원하는 것이, 아이를 행복하게 만들어 주고 싶다는 엄마(아빠)의 욕구 충족인가, 아니면 아이의 행복인가? 자기 아이가 행복하기를 바라는 것은 모든 부모의 당연한 욕구이다. 그러한 욕구 자체가 잘못된 것은 아니다. 하지만 그 욕구가 잘못된 결과를 초래할 가능성은 충분히 있다. 욕구 자체가 나쁜 것이 아니라, 그 욕구로 인해 아이의 행복이 어긋날 수도 있다는 말이다.

문제는, 대부분의 부모들에게 있어서 자기 아이를 행복하게 만들어 주고 싶다는 자신의 욕구가, 아이의 행복감보다도 우선적으로 고려되고 있다는 현실에 있다. 아이의 행복이 우선이라고들 말하고 또 그렇게 믿고 있지만, 실제로는 아이를 행복하게 만들어 주고 싶다는 엄마의 욕구가 우선권을 행사하고 있다. 단지 엄마(아빠) 자신이 이런 사실을 자각하지 못하고 있을 뿐이다. 하지만 아이는 그 점을 본능적으로 알고 있다.

아이의 행복과 부모의 행복 중 어느 쪽이 우선인가요?

아이의 성적 올리기에 매진하는 부모는 당연히 아이의 행복을 위해서라고 말하지만, 사실은 아이의 행복보다는 부모의 욕구가 우선인 경우가 많습니다. 아이를 행복하게 만들어 주고 싶다는 부모의 욕구 충족이 아이가 행복해 하는 것보다 우선이라는 말입니다. 그래서 아이가 불행하다고 아무리 말을 해도 듣지 않고 아이의 행복을 위해서라며 성적 올리기를 강요합니다.

"나중에 너도 크면 엄마(아빠)가 왜 이러는지 알게 될 거야." 미래에 아이가 행복해질 수 있도록 하기 위해서 아이에게 지금 좀 불행하더라도 참아야 한다고 합니다. 정말 맞는 말이라 여겨집니다. 내일을 위해서 오늘 수고를 감수한다는 게 말입니다. 그러나 사실 그 누구도 아이가 지금의 불행을 감수하면 반드시 미래에 행복해질 수 있는 것인지에 대해서는 확실한 보장을 할 수가 없습니다. 다만 부모의 생각에 '아이가 좀 더 행복해지지 않을까?'라고 기대하고 있는 것이지요. 하지만 아이의 행복을 위해 부모로서 뭔가를 했다는 부모의 위로 외에는 보장할 수 있는 것이 아무것도 없다는 게 진실입니다. 더욱 심각하게 진실을 얘기하자면, 우리 아이가 그때까지 살아 있어 주리라는 보장도 사실은 없습니다.

☞ 아이가 행복해지는 방법을 잘 아는 순서대로 순위를 매기시오.

① 아이 자신   _____
② 담임 교사   _____
③ 엄마   _____
④ 아빠   _____
⑤ 할아버지(할머니)   _____
⑥ 삼촌(고모, 이모)   _____
⑦ 목사(성직자)   _____
⑧ 심리 상담사   _____
⑨ 기타 :   _____

정답은 기타에 하나님을 적고 1번이라 쓰는 것입니다. 그리고 나머지들은 다 그 나물에 그 밥입니다. 각자 자기가 살았으면 싶은 삶에 대해 말하고 있을 뿐이지 아이에게 꼭 맞는 삶과 행복에 대해서 정확히 알고 말하는 것은 아닙니다. 아이를 의사로 키우고 싶어서 안달인 부모는, 아이가 의사가 되면 행복해질 수 있다고 믿기에 아이에게 의사가 될 것을 요구합니다. 하지만 사실은 아이가 의사가 되어야만 부모가 행복해질 것이라 믿기에 그렇게 요구하는 것입니다. 부모는 아이의 인생에 대해 잘 알고 있다고 생각합니다. 그러나 부모가 알고 있는 것은 아이가 아니라, 자기 자신입니다. 그런데 문제는 '아이가 의사가 되어야만 나는 행복해질 거야.'라는 자기 내면의 감추어진 모습을 직시하지 않은 채, 아이를 위해서라고 말하면서 화살을 아이에게 돌리고 있다는 점입니다.

과연 부모는 정말 아이가 행복해지는 방법을 확실하게 잘 알고 있다고 맹세할 수 있는가라고 묻는다면, 아마도 확신까지는 아니지만 그래도 아이보다는 잘 알지 않겠나라는 정도로는 대답할 수 있을 것입니다. 그렇다면 질문을 바꾸어서 부모는 자신이 행복해지는 방법을 확실히 알고 있는가, 그 방법대로 해서 지금 정말 행복하고 있는가라고 묻는다면 뭐라 대답하겠습니까? 혹시 부모의 행복해지는 방법이 아이의 성공 즉 점수 올리기라고 생각하고 있지는 않습니까? 지금 우리는 그런 식의 행복 비법을 아이에게 가르치고 강요하고 있는 것은 아닐런지요. 너도 나중에 아이 낳아서 네 아이의 점수를 올려놓음으로써 네가 행복해질 수 있다고 말입니다.

부모의 신념

어디서부터 잘못된 것일까? 부모들은 자신이 아이를 행복하게 만들어 줄 수 있다고 믿는다. 아니 좀 더 정확히 말해서 아이를 행복하게 만들어 줄 수 있는 보다 나은 방법을 알고 있다고 믿는다. 그래서 그 방법에 따라 아이를 조작해 가는 것이다. 그런데 그 방법이 정말 아이를 행복하게 만들 수 있는 보다 나은 길이냐 하면 그렇지가 않다는 것이다. 부모가 아이 자신보다 아이를 행복하게 만들어 줄 수 있는 방법을 더 잘 알고 있다는 부모의 확신에서부터 일이 어긋나기 시작하는 것이다. 아이의 인생에 대해서 아이보다 더 잘 알고 있다는 확신은 유아기 시절 엄마의 젖에 의지해 살던 아이에 대한 이미지 탓에 좀처럼 부모의 머리에서 지워지지를 않는다.

공부는 아이가 앓는 병이 아니다. 사실은 부모가 앓는 병이다. 남의 자식 못지않게 키워야 하겠다는 부모의 욕망이 가져온 결과다. 좀 더 정확히 말해서 최소한 남들에게 꿀리지 않을 만큼 훌륭한 자식을 둔 부모가 되고 싶다는 부모의 숨겨진 욕구가 빚은 열매다. 부모로서 아이의 미래를 위해 뭔가 준비시켜 주어야 하는 것 아니냐는 반문을 할 수도 있겠지만, 분명한 것은 그렇게 부모가 불안스레 아이 교육(점수 따기)에 올인 하는 것이 아이의 미래를 위한 최선의 방법이 아니라는 사실이다.

사람이 불행하게 되는 원인으로서 그 사람이 갖고 있는 비합리적인 사고방식이 거론되기도 합니다. 실제로는 불가능한 것을 가능한 것으로 여기는 잘못된 믿음 때문에 사람들은 스스로를 불행하다고 느끼게 되는 경우가 많습니다. 환경이나 상황 자체가 사람을 불행하게 하는 게 아니라, 환경이나 상황에 대한 믿음이 그 사람을 불행하게 만들고 있다는 말입니다. 일반적으로 사람을 불행하게 만드는 몇 가지 사고방식들을 살펴보겠습니다.

첫째로 당위에 대한 신념이 있습니다. 반드시 그래야만 한다는 것입니다. 예를 들면 이렇습니다.

나를 아는 모든 사람들에게 사랑받고 인정받아야 한다.

나쁜 인간들은 반드시 비난받고 처벌받아야만 한다.

세상은 반드시 공평해야만 한다.

아는 사람들에게 반드시 인정받아야 할 이유도 없고 그럴 수도 없습니다. 그러니 누군가 나를 인정하지 않거나 싫어한다고 해서 괴로워 할 일이 아니라는 얘기입니다. 그 사람은 그런가보다 하고 넘길 수 있습니다. 그런데 그걸 용납 못해서 스스로 힘들어 합니다. 저 인간이 왜 나를 인정해 주지 않느냐며 불행해 하기 시작합니다. 굳이 그 인간이 나를 사랑해 주고 인정해 주어야만 할 절대적인 이유가 있는지 궁금합니다.

또한 나쁜 인간은 반드시 처벌받아야만 하는 것도 아닙니다. 나쁘다는 것이 사람마다 각각이지 않습니까? 내게는 나쁜 놈이 다른 이에게는 좋은 사람이기도 합니다. 그러니 내가 보기에 나쁜 놈들이 버젓이 잘산다고 세상을 원망하거나 괴로워 할 것도 아닙니다. 내가 벌 받아야 한다고 굳건히 믿는 그 사람을 향해 복 받아야 한다고 굳건히 믿는 사람도 있습니다. 그렇게 믿고 있는 사람들과도 함께 살아가려면, 나쁜 인간은 반드시 처벌받아야 한다는 내 신념대로 되지 않는 세상에 대해 '그럴 수도 있겠구나.'라고 한발 물러설 수 있는 여유가 필요합니다.

또한 세상이 반드시 공평해야 하는 것도 아닙니다. 어차피 모두가 똑같이 공평해질 수는 없는 것이니까요. 사실은 어떤 게 진짜 공평한 것인지에 대한 평가도 다 다릅니다. 그러니 내가 보기에 그저 좀 더 공평에 가까워진다면 좋은 것이지요. 그러니 공평하지 못한 세상을 한탄하며 스트레스를 받을 게 아니라, 내가 보기에 좀 더 공평한 쪽으로 갈 수 있는 길을 찾아서 누가 뭐라든 나는 그 길을 선택해 꿋꿋이 걸어간다면 그게 대단한 인생인 것입니다.

둘째로는 과장입니다. 나는 끝장이라는 거지요. 일이 내 뜻대로 되지 않는다면, 여기서 뭔가 해결책이 생기지 않으면 등등 조건을 달아 놓고 그 조건대로 되지 않으면 자기 인생은 끝장이라고 단정해 버립니다. 그러나 결단코 어떤 상황에서도 자신의 인생이 100% 완전히 끝장나는 것은 아닙니다. 상황이 예전보다 좀 더 힘들어진 것이지요. 물론 희미하기는 하지만, 앞으로 좋아질 여지도 있는 거구요. 내가 어떤 식으로 마음을 먹느냐에 따라 상황이 달라질 수 있는 것입니다. 오히려 지금의 나보다 더 악조건인 상황에서도 사람들은 다 적응해서 잘살아 가고 있습니다. 심지어 아우슈비츠 같은 곳에서도 사람이 살아남았잖아요.

셋째는 자기 비하입니다. 스스로를 쓸모없는, 무력한 인간이라 규정하는 것입니다. 그 누구도 그렇게까지 쓸모없지는 않습니다. 다 하나님이 만드신 이유가 있습니다. 지금 내 모습이 내 욕심만큼 안 된다고 쓸모없는 것은 아닙니다. 우울한 사람을 향해 미소를 지어 줄 만큼의 쓸모는 있지 않습니까? 무거운 짐을 든 사람에게 다가가 도움을 줄 수 있는 손이라도 가지고 있지 않습니까? 외로워하는 사람, 억울해 하는 사람의 얘기를 들어 줄 귀라도 갖고 있지 않습니까? 왜 내가 아무짝에도 쓸모없는 인간입니까? 나 자신을 돌아보면 여전히 쓸모 있는 나의 모습을 발견할 수 있습니다. 사람에게 부족한 부분만이 있는 것은 아닙니다. 마찬가지로 잘난 부분만 있는 것도 아닙니다.

넷째는 낮은 인내심입니다. 자신은 이 상황을 도저히 참을 수 없다는 것이지요. 물론 화가 나기는 하겠지만, 잠시 숨을 돌리고 가만히 생각해 보면, 못 참아서 죽을 정도인 경우는 아닙니다. 사실 세상에 일어나는 어떤 일도 일단 견디어 내다 보면, 결국에는 다 참을 만한 일이었음을 알게 됩니다. 도저히 참을 수 없다고 발버둥 치면 칠수록 더욱 불행해지는 자신을 보게 됩니다. 참을 수 없는데 참으려고 애쓰니 더욱 불행한 것입니다. 생각할수록 미치겠지요. 그러나 역으로 생각해 보십시오. 오히려 그 정도까지도 참아 낼 수 있을 거야라고 말하면 훨씬 덜 불행해질 수 있다는 얘기입니다.

이러한 사고방식을 아이의 성적에 대한 푸념과 연관시켜 보면 다음과 같이 정리가 됩니다.

내 아이는 성적이 좋아야만 해
　(어떻게 꼴등을 할 수가 있니)
내 아이 성적이 계속 이 모양이라면 끝장이야.
　(아이의 앞길이 막막해)
내 아이 성적이 이 정도라니, 아이와 나는 쓸모없는 존재야
　(그것도 못하니 한심한 대갈통아)
내 아이 성적이 이 정도밖에 안 되다니 도저히 참을 수가 없어
　(받아들일 수 없어/ 내 자식 맞아)

나는 행복해질 것이다. 만일 아이가 _____

아이는 행복해질 것이다. 만일 내가 _____

나는 행복하다. 왜냐하면 아이가 _____

아이는 행복하다. 왜냐하면 내가 _____

　나를 행복하게 만들어 줄 수 있는 조건을 아이에게 요구한다는 것 자체가 불행이라는 생각을 해 보지는 않았습니까? 불행한 부모를 행복하게 해 주기 위해서 아이가 해 주어야 하는 것, 사실은 그것 때문에 아이가 불행해 하고 있다면 상황은 더욱 꼬이게 됩니다. 부모인 내가 행복하기 위해서는, "부모가 하라는 대로 해야 네가 행복해질 수 있어."라고 아이에게 강요해야 하기 때문입니다. 부모가 하라는 대로 하느라고 아이는 계속 불행해 하고 있는데도 말입니다.

　부모인 내가 어떻게 해 주면 아이가 행복해 할까요? 아이의 입장에서 심각하게 생각해 보신 적이 있는지요? "공부만 잘하면 뭘 못해 주겠어."라는 식의 말은 일단 접어 두고 말입니다. "성적 나빠도 괜찮아. 그래도 네가 최고야. 공부 못해도 돼, 아빠가 돈 많이 벌어서 너 죽을 때까지 먹을 거 남겨 줄 테니까." 이 정도로 말하면 아이는 행복해 할까요? 아이가 부모를 행복하게 해 줄 수 있는 방법이 성적을 올리는 것이라면, 부모가 아이를 행복하게 해 줄 수 있는 방법은 재산을 많이 쌓아서 물려주는 것일까요?

　나를 행복하게 해 주고 있는 아이의 모습을 발견하는 것은 부모에게 큰 위로를 줍니다. 부모를 행복하게 해 주는 모습을 결코 아이에게서 발견할 수 없다면, 그것은 아마도 '너 때문에 내가 미칠 지경이야.'라는 마음의 그림자가 너무도 강하기 때문일 것입니다. 아이를 처음 품에 안았을 때, 똥을 싸는 것조차도 행복하게 느껴졌던 기억은 과연 어디로 간 것일까요? 뒤뚱거리며 부모에게 걸어오는 모습을 보는 것만으로도 행복하기만 했던 그 기억은 거짓이었을까요? "걷는 게 왜 그 모양이냐?"라면서 윽박지른 기억이 없건만, 왜 지금은 "성적이 어째 그 모양이냐?"라며 아이를 몰아세우게 되는 것일까요? 진정 아이에게 문제가 생긴 걸까요? 아니면 부모에게 문제가 생긴 걸까요?

☞ 행복해지기 위해서 필요한 사항을 구체적으로 적어 보시오.

경제적인 수입　_____

가족들　_____

좋은 학벌　_____

안정된 직업　_____

신체적 건강　_____

종교 생활　_____

취미 생활(친구들)　_____

시간적 여유　_____

막상 나를 행복하게 할 수 있는 조건을 적으려니 좀 막연하게 느껴지지 않습니까? 과연 돈이 얼마나 있으면 내가 행복할 수 있을까요? 학벌은 어느 대학 이상을 나와야 내가 행복할까요?. 돈을 많이 벌어야 한다거나 좋은 대학에 들어가야 한다는 것 외에는 별로 생각해 보지 않은 항목들이 눈에 띄어서 이 질문에 답하는 것이 어쩌면 생뚱맞게 느껴질 수도 있습니다. 하지만 정말 행복해지고 싶다면 적어도 이런 항목들에 대해 치밀하게 검토하고 그 구체적인 수준을 정해 보는 정도의 성의는 갖고 있어야 하지 않을까요? 아이의 생각은 어떤지 답안을 서로 비교해 보고 진지한 대화를 나누어 본다면, 아이와 훨씬 더 친밀한 관계로 발전해 갈 수도 있을 것입니다.

돈이 얼마나 있으면 행복할까요? 얼마나 출세하고 성공하면 행복할까요? 정말 돈과 출세와 성공이 행복을 보장하는 것일까요? 왜 굴지의 대기업 부사장까지 오른 사람이 자살한 것일까, 게다가 50억이라는 주식까지 놔두고 말입니다. 가진 돈 없이 전셋집에 살면서 연봉 몇 천만 원에 만년 과장인 사람도 잘 살고 있는데 말입니다. 스스로가 행복하지 않으니까, 행복해지는 방법을 모르니까, 그저 자기 불행의 원인을 돈 때문이라고, 아이 성적 때문이라고, 회사 때문이라고 단정하고 있는 것은 아닌가 하는 생각을 해 봅니다.

영국의 한 대학이 1998년 54개국 국민을 대상으로 행복 지수를 조사했습니다. 경제 후진국으로 알려진 방글라데시가 1위를 차지하는 등 가난한 나라가 상위권에 속한 반면, 미국, 일본, 프랑스 등 선진국들은 하위권을 맴돌았습니다. 우리가 기대한 바와는 전혀 다른 결과이지요. 이러한 연구 결과는 우리가 생각하는 것만큼 물질적 풍요가 행복에 영향을 주지 못한다는 의미입니다. 물질적으로는 부족하지만, 가족 간의 연대감이 확실한 후진국들이 행복 지수에서 높은 수치를 보였다는 것은, 행복의 결정 요인이 물질적이고 쾌락적인 삶이 아니라, 가족과 친구와 이웃 간의 끈끈한 관계, 사람과 자연 사이의 친근한 관계임을 잘 보여 줍니다.

아이의 성적이 아이의 돈을 보장해 주는 게 아닙니다. 아이의 돈이 아이의 행복을 보장해 주지도 않습니다. 성적과 상관없이 인간의 삶이 어떤 것이 될지를 우리는 잘 모릅니다. 지금은 삶이 내 생각대로 되어갈 것 같지만, 자기 생각한 그대로 삶이 이루어져 온 사람들을 보기는 어렵습니다. 의사가 되려고 마음먹어서 의사가 되었는데, 그러면 행복할 줄 알았는데 그렇지 않은 거지요. 기대하지도 않았던 사기도 당하구요, 배우자의 바람기를 겪기도 하구요, 질병과 사고를 당하기도 하구요, 아이가 속을 썩이기도 하구요. 삶의 주인이 나인 것 같지만, 시간이 내 소유인 것 같지만, 내 몸을 내 맘대로 할 수 있을 것 같지만, 살아 보면 사실은 그렇지 않다는 것을 경험하게 됩니다. 진정 인간의 행복이 하나님에게 있고, 그 하나님이 계심을 믿는다면, 우리는 아이의 성적과 연관해서 이렇게 고백할 수 있습니다.

우리 아이가 꼴등할 수도 있다.
　　　(하필 왜 내 애냐구 / 십자가를 지고 나를 쫓으라 그랬어)
공부 못해도 살길이 충분히 열린다.
　　　(믿을 수 없다고 / 공부 못한 사람도 잘살아)
점수와 상관없이 내 아이는 존귀한 존재다.
　　　(공부 못한다고 무시할 하나님이 아니지)
점수가 이것밖에 안 돼도 충분히 참을 수 있다.
　　　(그보다 더한 인간도 하나님이 참아 주고 계시잖아)

06 아이와 말 통하기

☞ 그러나 나는 너희에게 말한다. 자기 형제나 자매에게 성내는 사람은, 누구나 심판을 받는다. 자기 형제나 자매에게 얼간이라고 말하는 사람은, 누구나 공의회에 불려갈 것이요, 또 바보라고 말하는 사람은 지옥 불 속에 던져질 것이다. (마5:22)

아담과 하와가 저지른 잘못은 선악과를 따먹은 것이다. 하나님처럼 눈이 밝아져 선악을 판단하는 자가 되고 싶었다는 것이다. 내가 옳고 그름의 기준이라는 믿음은 아담에게로부터 물려받은 인자이다. 아이의 행동에 대해서 부모들은 쉽게 판단한다. 행동이 잘못된 것인지를 판단해서 가르쳐 주는 것은 부모로서 당연히 할 일 아니냐고 믿는다. 문제는 아이의 행동을 판단한다고 하면서 실제로는 아이의 인격에 대해 판단하고 있다는 점을 부모 자신은 모르고 있다는 사실이다. 아이는 부모가 자신의 행동이 아니라, 그 행동을 빌미로 자기 인격에 대해 판단하고 있음을 안다. 자녀가 겪고 있는 감정이나 생각에 대해서는 전혀 관심이 없고 부모의 기대대로 행동하지 않은 자녀에 대해 탓하면서 화풀이하는 데만 열을 올리고 있음을 너무도 잘 안다. 아이에게, "바보 같이 좀 굴지마.", "멍청하기는", "하는 짓이 맨날 그 모양이니?"라고 말하는 사람은 지옥 불에 던져질 것이라는 생각을 해 본 적이 있는가? "내 아이인데 어때, 키우다 보면 부모가 당연히 말실수할 수도 있지. 그런다고 사랑하지 않는 것은 아니잖아." 하나님은 거기에 동조하시지 않을 것 같다. "그 아이는 내 아이야. 좀 더 내 아이의 마음을 살펴 줄 수는 없겠냐?"라고 물으신다.

☞ 우리 애는 _____

한심하다.   _____
게으르다.   _____
문제가 많다.   _____
말을 지지리도 안 듣는다.   _____
생각이 없다.   _____
내 자식 맞나 싶다.   _____
사람이 아닌 것 같다.   _____
욕심이 없다.   _____
남 보기에 창피스럽다.   _____
나를 열 받게 한다.   _____
거의 날나리 수준이다.   _____
제멋대로이다.   _____
앞날이 걱정된다.   _____
분노를 일으킨다.   _____
답답하다.   _____
답이 없다.   _____

☞ 왜 그런가? 그 이유를 구체적으로 쓰시오.

_____

_____

결국은 성적이 부모의 기대만큼 나오지 않았기 때문 아닌가요? 아이에 대해 그런 평가를 하기 시작한 게 언제부터였는지 생각해 보면, 학교 성적이라는 게 부모의 마음에 자리잡기 시작한 이후부터가 아니었던가요? 그런 부모의 규정이, 아이가 좀 더 잘되기를 바라는 마음에서 한 것이라고 부모가 강변하더라도, 그런 부모의 말투가 아이에게는 결코 자기반성의 계기로 받아들여지지 않고 있다는 데에 치명적인 문제가 있습니다.

딱지를 붙이지 마라

식탁에 앉아 있던 아이가 실수로 간장을 쏟았다.

부모1 : 넌 왜 그렇게 조심성이 없니? 매사가 그 모양이야.

부모2 : 간장을 쏟았잖아! 조심해야지. 빨리 물걸레로 닦아.

부모1의 경우를 보자. 부모는 아이의 실수를 꾸짖으면서 아이에게 '매사가 그 모양인 애'라는 딱지를 붙이고 있다. 부모는 아이의 인격 내지는 본성을 판단하고 있는 것이다. 아이의 행동을 통해 그 아이의 본질(전체)을 규정하는, 이런 투의 의사소통은 아이를 절망하게 한다.

부모2의 경우를 보자. 우선 부모는 지금 발생한 문제 상황만을 언급하고 있다. 아이가 실수를 해서 간장 종지를 엎었고, 그 때문에 바닥이 더러워진 상황 말이다. 이러한 진술에는 아이의 인격을 규정하는 어떤 말도 들어 있지 않다. 눈에 비치는 객관적인 사실만을 언급하고 있다.

부모와 자식을 대화 불가능의 적대 관계로 만드는 것은 결코 부모의 꾸중이 아니다. 그 꾸중 속에 담겨 있는 아이에 대한 부모의 불신과 멸시와 판단이다. 부모 속만 썩이는 한심한 인간이라는 판단이 담긴 부모의 말이나 눈길 때문에 아이는 부모와 담을 쌓는 것이다.

세상에 자신을 한심한 인간이라고 규정하는 사람과 무슨 대화가 가능하겠는가? '나는 한심한 인간입니다.'라고 굴복하든가, '내가 왜 한심한 인간이냐?'라며 저항하든가 둘 중 하나를 선택할 수밖에 없다. 아이는 자신의 자존감을 보상받기 위해 부모의 자격 없음을 부각시킨다. '그러는 당신은 얼마나 잘 나서?'라고 외침으로써 부모로부터 받은 상처를 보상받고(복수하고) 싶은 것이다.

흔히 부모들은 아이의 잘못을 꾸짖을 때, 화가 난 나머지 아이의 인격 자체에 대한 언급을 하게 됩니다. 아이의 행동이 아니라 아이의 존재 자체에 대해 판단을 해버리는 것입니다. 게으른 애, 항상 그 모양인 애, 멍청한 애, 한심한 인간 등등 아이의 인격과 본성에 대해 딱지를 붙이는 것입니다. 화가 나서 아무 생각 없이 던진 한마디이지만, 금방 잊어버리는 부모와는 달리 아이는 그 한마디를 마음에 품고 두고두고 곱씹는다는 것입니다.

- 너는 어째 매사가 그 모양이니?

아주 흔히 부모의 입에서 나올 수 있는 말입니다. 아이의 못마땅한 행동에 대해 부모는 화가 나서 한마디 합니다. 부모에게는 일회적인 한마디일지 모르지만, 아이에게는 인격에 대한 비난과 판단으로 들립니다. 매사가 그 모양이라는 것은 단순히 지금 벌어진 행동에 대한 지적이 아니라, 그 아이의 모든 행동 즉 인간 자체에 대한 판단입니다. 언제나 늘 그런 인간이란 말은 헤어날 수 없다는 의미를 담고 있습니다. 본래 그런 인간으로 태어났는데 그래서 모든 일에 그럴 수밖에 없는데 도대체 어쩌겠습니까?

성적에 대한 언급도 마찬가지입니다.

- 60점이구나, 네 개 틀렸네.

이것은 사실에 대한 진술입니다.

- 점수가 이게 뭐냐? 그러고도 밥이 넘어가니? 누굴 닮았냐?

이것은 단지 사실에 대한 진술이 아니라, 아이의 인격 대한 판단입니다. 부모는 화가 나서, 혹은 아이 앞길이 걱정되어서 하는 말이라고 하겠지만, 아이에게는 자기 존재에 대한 판단이요 규정입니다. 한심하고 밥을 먹을 가치도 없는 존재라고 부모에 의해 낙인찍힌 자라는 얘기입니다. 세상에서 가장 중요한 존재인 부모가 그렇게 규정했다면, 그 아이는 바깥세상에서도 그런 존재가 될 수밖에 없는 것입니다. 가장 가까운 존재인 그 아이를 낳은 부모가 그러는데, 바깥세상 그 누구가 아이를 긍정적으로 바라보고 인정해 주겠습니까?

말투의 변화

① 비난하지 말고 사실과 규칙만을 얘기하라

숙제도 안 하고 뭐 하는 인간이냐

vs

숙제를 안 했구나 (규칙을 어긴 거다)

② 인격이나 본성이 아닌 행동에 대해서 말하라

너는 생각이 있냐 없냐

vs

숙제를 안 한 것은 불성실한 행동이다.

③ 나 중심의 문장을 사용하라

숙제도 안 하고 나중에 네가 뭐가 될려고 그러냐

vs

숙제를 안 해서 나(엄마)는 걱정이 된다

(네 실력이 뒤처질까 봐서)

부모가 아이의 행동에 대해 꾸짖을 때에는 사실과 행동에만 집중해야 합니다. 눈앞에 벌어진 사태와 행동의 결과는 사실입니다. 그 상황에 대한 부모의 실망과 분노와 슬픔 등의 감정 역시 사실입니다. 아이가 그러한 행동을 수정할 것에 대한 기대 역시 사실입니다. 그렇기 때문에 지금 벌어진 상황이 나쁘고, 그래서 부모가 화났고, 앞으로는 이런 사태가 다시 발생하지 않기를 기대하는 것 등은 부모가 분명히 말할 수 있는 내용입니다.

그러나 '너는 한심하다거나, 게으르다거나, 생각이 없다거나, 너 같은 애는 처음 봤다거나' 하는 말들은 아이에 대한 비난이며 판단입니다. 그것은 객관적 사실이 아니라 부모의 감정이 쏟아 놓은 주관적 생각이요 아이에 대한 판단이요 규정이라는 말입니다. 감정이 상한 상태에서 주체할 수 없는 분노를 담아서 아이에 대해 부모가 붙이는 딱지입니다. 이러한 부모의 부정적인 낙인이 아이에게는 큰 벽이 됩니다. 부모에 대한 따스한 관계와 자신에 대한 긍정적 자아상을 파괴하는 요인이 됩니다.

감정적 공감 - 좌절에 대한 인정

엄마가 게임에 몰두하고 있는 아이에게 심부름을 시켰다. 그러자 아이가 대번 "에이, 씨." 하고 혼잣말로 반응을 보였다. 이 상황에서 엄마는 화가 날 수밖에 없다. 아니 어디다 대고 저런 막말을 막 해 댈 수 있는가?

엄마 갑 : 어디서 그 따위 말버릇이야. 엄마가 네 친구냐?

엄마 을 : 심부름 시킨 게 불만스러운가 보구나. 물론 즐거운 일은 아니지. 그렇다고 그런 식으로 말하면 되겠냐?

엄마 갑의 경우는 아이의 감정 상태를 전혀 고려하지 않고 말함으로써 아이와의 단절을 심화시키고 있다. 엄마로서는 감정적인 울분을 해소하는 시원함(?)을 맛볼 수 있을는지는 모른다. 하지만 자칫하면 교육적 효과보다는 감정의 악화만을 가져올 수도 있다. 옳고 그름의 판단을 반항심이 점령해 버림으로써 관계만 나빠지는 것이다.

자녀와의 좀 더 효과적인 의사소통을 원한다면, 부모는 우선적으로 자녀의 감정적 상태를 공감해 줄 수 있는 마음의 여유와 자세를 갖추어야 한다. 아이가 어떤 감정 상태에서 저런 식의 반응을 보인 것인지를 먼저 헤아려 보는 것이 우선이다. 아이의 어떤 욕구가 좌절되어서 그렇다면, 욕구의 좌절이 가져다 준 심리적 상처를 우선 공감해 줄 필요가 있다. 그 행동에 대한 적절하면서도 엄한 지도와 함께 말이다.

아이들이 어느 정도 자라게 되면 부모는 아이와 대화가 되지 않는다는 것을 느끼기 시작합니다. 이를 두고 흔히들 사춘기가 시작되었다고 말합니다. 그러면 사춘기 이전에는 아이들과 대화가 잘되었을까요? 부모들은 그렇다고 합니다. 아이가 아주 말을 잘 들었다고 말합니다. 부모들이 착각하는 게 있습니다. 아이가 말을 잘 들어준 것이지 대화가 잘된 것은 아니라는 점을 놓치고 있는 것입니다. 아이가 힘이 없어 감히 부모의 의사에 반대하지 못하고 눈물 삼키며 굴복하였던 것입니다. 그러다가 청소년이 되면서부터 부모에게 대항할 수 있는 힘이 생겨납니다. 그래서 그 동안 당했던 굴종에 대해 항거하기 시작하는 것입니다. 사춘기 이전까지는 힘이 약한 아이가 부모의 감정을 이해하고 수용했던 것이지요. 부모는 이것을 대화가 된다고 생각했던 것입니다.

대화는 이성으로 시작하는 게 아닙니다. 감정으로 시작하는 것입니다. 다시 말해서 감정적으로 공감이 되지 않으면 대화가 진행되지 않습니다. 서로 자기의 주장이 다 옳다고 믿기 때문에 결론이 나지 않습니다. 결국 힘이 약한 쪽이 포기하지 않는 한 말입니다. 이제 부모와 자식 사이에 작용하는 힘의 기울기가 사춘기를 기점으로 아이에게로 쏠리기 시작합니다. 어려서는 집에서 쫓겨날까봐 아이가 두려워했지만, 사춘기가 되어서는 아이가 가출할까봐 부모가 두려워합니다. 힘의 판도가 바뀐 것입니다.

아이와 잘 소통하기 위해서 부모가 풀어야 할 첫 번째 단추는 아이의 감정을 이해하고 공감해 주는 것입니다. 이전처럼 먼저 부모의 감정을 발산하지 말고, 우선적으로 아이의 감정에 주의해야 합니다. 아이의 감정 상태를 이해하고 공감해 주는 것은, 누가 옳고 그르냐는 선악의 문제가 아니라 아이의 처지와 입장에 대한 이해의 문제입니다. 설령 상대방이 내가 옳다고 판정해 주지 않더라도 자기의 감정과 입장이 상대방에 의해 공감되어지면 분노가 사그라지고 상대방의 입장에 귀를 기울일 여유가 생깁니다.

형제 간에 말로 싸우다가 형이 동생을 때려서 동생이 웁니다.

→ 또 동생하고 싸움질이냐, 니들 왜 그래. 때리긴 왜 때려 형이 되어 가지고.

아이들의 감정에 대한 언급은 없습니다. 그저 부모는 아이들의 싸움 때문에 자신이 힘들고 화가 난 상황에 대해서만 얘기하면서 아이들을 비난하고 있습니다.

→ 동생이 치근덕거려 짜증이 났구나. 그렇다고 해도 때리는 건 아니라고 본다.

먼저 아이의 감정에 대해 부모가 공감을 해 줍니다. 동생이 뭔가 힘들게 했으니까 형이 때렸겠지요. 그 아이의 감정을 읽어 주는 것입니다. 그러면서 동시에 아이에 대한 비난이 아니라, 아이가 해 주기를 바라는 행동의 규칙에 대해 언급합니다. '폭력 사용은 옳지 않다.'라는 부모의 견해를 제시합니다.

아이가 숙제를 안 하고 빈둥거리고 있습니다.

→ 뭐 하고 자빠졌냐, 숙제도 안 하고.

부모는 화가 나서 아이의 행동을 비난하고 있습니다.

→ 숙제가 하기 싫은 모양이구나. 그렇지만 하기 싫다고 할 일을 안 하는 건 올바른 자세가 아니야.

숙제를 안 하고 있다면 아이 나름대로 그럴 만한 이유가 있을 것입니다. 그 이유가 타당한 것이냐 아니냐는 중요하지 않습니다. 아이 입장에서 생각했을 때, 아이 수준에서 이유가 될 만한 것을 부모가 헤아려 보는 것입니다. 그런 다음 아이에게 부모의 입으로 그것을 표현해 줍니다. 아이는 자기가 부모에 의해 이해되고 있음을 느낍니다. 첫 번째의 대화와는 달리 두 번째의 대화는, 숙제가 하기 싫은 아이의 감정 상태를 공감해 주고 난 다음에 부모가 기대하는 올바른 행동 규칙이 무엇인지에 대해 말하고 있습니다.

정보 전달이 아니라 친밀감 형성이다

"내가 뭐랬어. 어젯밤에 미리 챙겨 놓으라 그랬지. 말 안 듣고 빈둥거리더니 꼴좋다... 왜 그렇게 말을 안 들어 먹냐."

아침에 학교 준비물을 미처 챙기지 못해 허둥대는 아이를 향한 엄마의 대화이다. 엄마 입장에서야 아이가 허둥대며 제 일을 제대로 못 챙기는 것을 보고 부모로서 당연히 아이의 잘못을 지적하고 고치기 위해 할 수 있는 말이다.

그런 점에서 볼 때 엄마는 자신의 대화가 소기의 목적을 달성했다고 생각할 수도 있다. 하지만 가만히 한 번 생각해 보자. 엄마가 전하고 싶은 내용은, 미리 엄마 말대로 어젯밤에 준비를 했으면 아침에 이런 꼴을 당하지 않을 거라는 것이다.

그런데 아이는 어제 미리 준비했더라면 아침에 이 부산을 떨지 않아도 되리라는 사실을 과연 모르고 있을까? 아이는 엄마로부터 전혀 알지 못하던 새로운 정보를 얻어들은 것일까? 아이도 이미 다 알고 있는 사실이다. 다만 자신이 알고 있는 바대로 행동이 안 따라 주었을 뿐이다.

자기가 말하고 싶은 내용을 상대에게 전달하는 것으로, 혹은 상대방의 말을 통해 상대방의 의도를 파악하는 것으로 대화(말하기)의 기능이 충족된다고 보는 사람은 대화에 실패한 사람이다. 대화의 성공은 서로가 하고 싶은 말을 전달하는 것으로 성취되는 것이 아니다.

가족 간 대화의 진정한 목표는 대화를 통한 의사전달이 아니라 언어를 매개로 한 상호 교감, 즉 상호 관계의 형성에 있다. 말로 주고받은 내용보다도 더 중요한 것이 바로 그 대화의 시간을 통해 느끼게 되는 상대와의 친밀감이다. 수다의 내용이 지니는 의미보다는 수다를 통해서 형성되어지는 관계가 더 중요하다는 소리다.

가족 간 대화 없음의 진짜 의미는 '관계 악화'이다. 따라서 대화는 정보 전달이 아니라 관계를 호전시키기 위한 쪽으로 방향을 잡아야 한다. 이 말을 했을 때, 관계가 더 좋아질까 아니면 더 나빠질까라는 관점에서 고민을 해야 한다. 상사의 비위를 맞추기 위해 위장하듯이 하라는 얘기가 아니다. 진짜 친하고 소중한 친구에게 하듯이, 고민해 가며 말을 골라 하라는 얘기다. 상대가 얼마나 잘 못하고 있는지를 비난하기 위한 말하기가 아니라, 내 감정을 화풀이하기 위한 말하기가 아니라, 친구의 자존심과 문제 해결을 위한 애틋한 마음을 담아서 하는 대화 말이다.

부모와 자녀 사이에 대화가 없어서 문제라는 말들을 많이 합니다. 대화가 없다는 것은 친밀감이 없다는 것입니다. 즉 둘 사이의 관계가 소원하다는 뜻입니다. 부모와 자식 사이에는 세대차 때문에 대화할 게 없다고들 말합니다. 대화가 없다 보니 친밀감도 없고 결국 관계가 단절된다는 것입니다. 그래서 자녀와 대화 시간을 많이 가지라고 하지만, 아이와 마주 앉을 시간을 내기도 어렵고, 어렵게 시간 내어서 막상 얼굴 보고 마주 앉아도 할 얘기가 별로 없습니다. 세대차가 너무 난다는 것이지요.

일상적인 대화에 있어서는 대화의 내용보다 대화의 방식이 더 중요합니다. 사실 따지고 보면 우리가 하는 일상적인 대화에 있어서 내용이라고 할 만한 것이 별게 없습니다. 어찌 보면 다 하찮은 얘기들입니다. 하나마나한 얘깃거리들에 불과합니다. 문제는 그 얘기의 의도와 방식이 어떠하냐에 있습니다. 대화의 의도와 방식에 따라 두 사람은 대화를 통해 친밀해지고 행복해지기도 하며, 관계가 악화되고 불행해지기도 합니다. 내용보다는 대화에 임하는 마음의 자세와 대화의 전개 방식이 영향을 미친다는 겁니다.

부모들은 아이의 관심과 욕구에 대해 신경을 쓰지 않습니다. 그래서 할 얘기가 없습니다. 부모들이 아이와 대화를 하려 할 때, 대개는 그 의도가 아이의 못마땅한 행동에 대한 비난이나, 부모가 아이에게 바라는 기대와 욕구와 의지를 관철시키기 위한 것일 때가 대부분입니다. 대화를 통해 아이들의 관심과 욕구를 제한하거나 부모가 의도하는 대로 아이가 따르도록 통제하려고 합니다. 물론 다 아이를 위해서 그러는 것이지요. 하지만 부모의 기대와는 달리 아이는 마음의 문을 닫아 버립니다. 아이에게는 그 대화가 부모를 위한 것이지, 아이 자신을 위한 것이 아니기 때문입니다. 아이를 위한 것이라는 얘기는 부모의 일방적 주장이요 주관적 느낌일 뿐입니다.

아이들과의 관계를 회복하기 위해서는 대화의 방식과 목적을 분명히 해야 합니다. 부모의 속을 썩이는 아이를 비난하기 위한 것입니까, 부모의 끓어오르는 감정을 화풀이하기 위한 것입니까, 잘못의 원인이 아이에게 있음을 확인시키기 위한 것입니까, 너는 틀리고 내가 옳다는 것을 입증하기 위한 것입니까, 그러니 부모의 말대로 따르라는 것입니까, 아니면 아이와의 친밀한 관계를 유지하기 위한 것입니까? 아이가 진정으로 원하고 있는 것이 무엇인지를 알아보기 위한 것입니까?

부모가 아이와의 대화에 있어서 항상 곱씹고 있어야 할 질문은 이것입니다.
- 나의 대화 방식은 아이와의 친밀함 형성에 도움이 되고 있는가?

- 나는 아이가 원하는 게 무엇인지에 대해 이해하려 하고 있는가?

일관성 있는 태도

부모는 기분에 따라 아이에게 관대하기도 했다가 어떤 때는 불호령을 내렸다가 자기 맘대로 생각 없이 행동하지만, 아이는 자신이 언제 버림받을지 모른다는 불안감 때문에 부모를 대하는 것이 두려울 뿐이다. 그래서 아이는, 오늘은 부모의 기분이 어떤지를 살피기 위해 눈치를 굴리는 데 온 신경을 집중한다.

결국 아이는 부모를 실망시키지 않기 위해서(버림받지 않기 위해서) 부모의 기분을 좋게 할 만한 거짓말을 하기로 선택한다. 어찌어찌해서든지 지금 이 순간만 잘 모면하면 된다. 내일은 부모의 감정이 바뀔 수도 있다는 것을 아이도 잘 알고 있기 때문이다. 거짓말을 해서라도 오늘의 이 위기를 넘기기만 하면, 내일 혹은 모레에는 무사할지도 모른다는 기대에 아이는 자신의 운명(?)을 거는 것이다.

따라서 부모가 아이를 대할(특히 꾸중할) 때에는 일관성 있는 태도(기준)를 유지하는 게 중요하다. 그럼으로써 아이가 자신의 행동(잘못)에 대한 부모의 대응 방식(꾸중)을 예측할 수 있도록 해야 한다. 부모의 대응 방식을 예측할 수 있는 상황이라면, 아이는 부모가 어떤 식으로 자신을 대할 것임을 알기에 오히려 정직하게 대처할 용기도 생긴다.

아이의 정서적 안정감을 위해서 부모는 일관성 있는 태도를 유지해야 합니다. 부모 자신의 기분 상태에 따라 아이를 대하는 방식이 달라지면 안 된다는 얘기입니다. 부모가 기분 좋을 때는 "숙제 안 할 수도 있지 뭐."라고 대수롭지 않게 대하고, 부모가 기분 나쁠 때는 "집구석에서 숙제도 안 하고 뭐해."라며 호되게 꾸짖는 경우가 있습니다. 이러한 부모의 일관성 없는 태도 앞에서 아이는 자기 행동에 대한 옳고 그름의 판단보다는 부모의 기분을 살피며 부모의 눈치를 따라서 행동을 결정하게 됩니다. 그러다 보면 부모의 기분을 맞추기 위해 거짓말이 아주 유용하다는 것을 터득하게 되고, 이것이 습관화하여 금방 들통날 거짓말도 스스럼없이 하는 지경까지 갈 수도 있습니다.

친밀한 관계를 위한 대화 방법

① 경청하기 / 주의 깊게 들어 준다. 비난, 빈정거리지 않기
중간에 비판 혹은 토 달지 말고 끝까지 듣는다. '말도 안 되는 소리하지 말라.'는 사인을 결코 보내지 않는다. 네 생각 이미 다 알고 있다는 듯이 대하지 않는다.

② 지지해 주기 / 네 말도 일리가 있다. 아이의 욕구와 느낌(감정)에 집중하기
아이 주장에 동의 여부와 상관없이 아이 주장(욕구와 느낌에 주목)을 다시 정리해서 말한다. "너는 이런 것을 하고 싶은 거구나." 아이의 원하는 바를 정확히 이해해 준다. "너 나름대로 생각한 게 참 많구나." 아이의 의견에 동의하지는 않지만, 여전히 아이에 대해 믿고 있으며 아이를 지지하고 있음을 보여 준다. "충분히 그런 생각할 수 있어, 의미 있는 주장이다."

③ 그렇지만 / 내 생각은 … 부모의 욕구와 느낌 고백하기

아이에 대해 비난하지 말고, 부모의 의견을 제시만 한다. '너는 틀렸어.'가 아니다, '너와 다른 나의 의견은 이렇다.'이다. 부모의 의견이 더 낫다는 입장을 내색하지 않는다. 그런 믿음을 버려라. 사실 앞으로 누구의 의견이 더 나은 것이 될지 아무도 모른다. 하나님 외에는 누구도 알 수가 없다.

④ 협상하기 / 서로 양보 (부모가 먼저 시도)

서로 다른 두 의견을 놓고 둘이 동의할 수 있는 지점이 어디인지 함께 찾아간다. 만일 합의점을 찾지 못하면, 거기서 멈추라. 더 이상 아이가 굴복하기를 기대하지 말고, 아이가 선택하는 대로 인정하라. "너 나중에 후회해 봐야 소용없다."는 식의 협박(?)은 의미가 없다. 어떻게든 설득해 보려는 시도를 하지 마라. 부모의 주장에 승복하도록 종용하지 말라는 말이다. 아이를 설득하려는 시도는 아이에게 '얘기해 봐야 소용없다.'는 결론에 이르게 한다.

☞ 우리 애의 정서 상태는 _____

불안하다.   _____
우울하다.   _____
즐겁다.   _____
불만스럽다.   _____
분노하고 있다.   _____
절망스럽다.   _____

심심하다.   _____
무감각하다.   _____
모든 게 귀찮다.   _____
두렵다.   _____
슬프다.   _____
비참하다.   _____

아이의 감정은 아이의 좌절된 욕구와 관련이 있습니다. "그냥 기분 좋게 생각해."라는 권고는 별 의미가 없습니다. 아이의 감정에 대해 공감해 주고 그 감정을 갖게 만든 상황에 대해 얘기해 볼 필요가 있습니다. 설령 아이의 욕구를 충족시켜 주지는 못하더라도 아이가 얼마나 원하고 바라는지에 대해 인정해 주는 것은 할 수 있습니다.

- 너는 그게 꼭 하고 싶은 모양이구나. 지금 네게는 너무나 중요한 것이구.
- 그게 뭐가 그렇게 중요해. 네가 아직 세상을 잘 몰라서 그래. 물론 지금은 그렇겠지만, 나중에 지나고 보면 다 별거 아니야.

첫 번째 말은 아이의 입장을 이해하고 있습니다. 아이는 '나를 이해하고 있구나, 말이 통하네.'라는 생각을 할 것입니다. 그러나 두 번째 말은 아이의 심정을 뒤집어 놓고 있습니다. 아이의 감정과는 너무도 동떨어진 말입니다. 아이로서는 '정말 말이 안 통하는구나.' 하는 생각을 하게 됩니다.

☞ 도저히 용납이 안 되는 아이의 행동은

_____

☞   그 이유는

아이가 그 행동을 고집하는 이유는

아이의 행동에는 반드시 이유가 있습니다. 그럴 만한 이유가 있다는 사실에 대한 인정받음만으로도 훨씬 아이에 대한 마음은 누그러들게 됩니다. 아이의 행동이 부모의 입장에서는 도저히 용납이 안 되지만, 아이의 입장으로 들어가면 그럴 수밖에 없는 아이 나름의 이유가 있게 마련입니다. 그 이유에 대한 이해는 아마도 아이의 좌절된 욕구를 살펴봄으로써 가능해질 것입니다.

정서적 공감
아이의 행동에는 반드시 아이 나름의 이유가 있다. 겉으로 드러난 표현(불만)이나 행동 이면에 숨겨진 아이의 의도(요구)를 읽어 내려는 노력이 필요하다. 특히 아이의 정서 상태에 주목하라. 아이의 정서에 대한 공감만으로도 성공할 수 있다. 부모가 해결책을 제시해야 한다는 생각은 접어 두라.

6학년 딸아이가 갑자기 직장에서 돌아 온 엄마를 향해 말한다.
"엄마는 왜 날 낳았어?"

"엄마가 일 때문에 바빠서 네게 소홀했나 보다. 무슨 일 있니?"

"별거 아냐. 엄마도 힘들잖아."

("그래 고마워, 엄마를 잘 이해해 줘서."라며 대화를 멈추면 안 된다. 아이의 숨은 요구를 찾아내기 위해 대화를 계속해야 한다. 아이의 감정에 주목하라.)

"힘들지? 엄마가 일이 많아서(오빠 신경 쓰느라) 너한테 무심했지. 미안해."

딸아이가 말한다.

"생일 파티에 나를 초대 안 했어. 속상해."

(그래, 뭐 그런 것들이 다 있냐 / 설마 깜빡 했나 보지 / 네가 혹시 애들 서운하게 한 적은 없니 / 평소에 친구 관리 좀 잘하지. - 아이의 감정은 무시한 채 사실 여부를 따지거나 아이의 잘못을 찾아내려 하거나, 친구들을 비난하는 쪽으로 가면 대화는 끊긴다. 그냥 아이의 우울한 심정에 함께 공감해 주라.)

"그런 일이 있었구나. 속상하겠다. 함께 어울리고 싶었는데..."

"나 어떻게 하지?"

"글쎄, 어쩌면 좋을까... 네 생각은 어떤데?"

(아이 나름으로 뭔가 대응 방안들을 생각했을 것이다. 아이의 얘기를 기다린다. 섣부르게 부모의 해결책을 제시하지 말라.)

"그냥 모른 척 무시해 버릴까. 모른 척하고, **이 하고 영화나 보러 갈까."

"그것도 좋겠다. 맛있는 **도 사먹고 신나게 놀다 와. 엄마가 용돈 듬뿍 줄게."

아이가 느끼고 있는 감정에 대해 공감해 주는 것만으로도 아이는 힘을 얻게 된다. 아이에게는 사실 부모가 제공해 주는 어떤 종류의 해결책보다는 아이가 홀로 설 수 있게 힘을 주는 지지자가 더 필요하다. 자신에게 부모라는 든든한 지지자가 있음을 확인하는 것만으로도 아이는 자기가 처한 상황을 훨씬 더 긍정적으로 바라보고 대처할 수 있는 여유를 갖게 된다. 힘겨운 상황 앞에서 좌절하고 움추러 드는 게 아니라, 이 정도쯤은 무시하거나 충분히 감당할 수 있다는 나름대로의 각오를 다질 수 있다. 그런 다음에 보다 나은 해결책을 스스로 찾아볼 수 있으며, 아이가 필요로 하는 도움을 부모에게 요청할 수도 있다. 부모가 나서서 아이의 어려움을 해결할 방법을 일일이 찾아 줄 필요는 없는 것이다. 발달 단계상으로 부모로부터의 독립이라는 과제를 성취해야 할 청소년기에는 부모의 일방적인 해결책 제공이 오히려 부작용을 초래할 가능성이 높다. 자기 능력으로 대처하지 못하는 무능한 자신에 대한 분노와, 자기 문제임에도 불구하고 무조건 부모를 통해서 해결하려는 의존 성향을 키워 주는(강화시키는) 쪽으로 갈 수 있기 때문이다. 단순히 아이가 직면한 문제를 빨리 해결하는 데에 초점을 맞출 게 아니라, 비록 힘들더라도 그 어려움을 감당하면서 스스로 대처해 나가려는 자세를 키워 주는 것이 아이의 장래를 위해 부모가 해 줄 수 있는 더 좋은 선물인 것이다.

제3장

바람직한 양육 태도
"나 좋은 부모 맞어?"

가장 중요한 것은 실망의 대상이 무엇인가 하는 문제입니다. 실망의 대상이 아이입니까? 아니면 아이의 행동입니까? 어느 쪽이냐에 따라 부모의 표현과 대응 방식은 달라집니다. "부모를 실망시킨 너의 행동은 나쁘다."와 "부모를 실망시킨 너는 나쁘다."라는 두 가지의 표현이 가능해집니다. 아이의 행동에 실망하였다면, 그 행동 이외의 것에 대해서는 문제가 없는 것입니다. 따라서 부모의 실망은 쉽게 회복될 수가 있습니다. 반면에 아이에 실망하였다면, 그 행동 이외의 다른 것들까지도 다 문제가 있는 것이 됩니다. 이런 상황에서는 아이가 부모의 실망으로부터 벗어날 수 있는 방법이 거의 없습니다. 아이의 모든 면이 다 부모를 실망시키는 원인이 될 것이기 때문입니다.

07 아이를 향한 부모의 평가

☞ 예수께 말하였다. "선생님, 이 여자가 간음을 하다가, 현장에서 잡혔습니다. 모세는 율법에, 이런 여자들을 돌로 쳐죽이라고 우리에게 명령하였습니다. 그런데 선생님은 뭐라고 하시겠습니까?" 그들이 이렇게 말한 것은, 예수를 시험하여 고발할 구실을 찾으려는 속셈이었다. 그러나 예수께서는 몸을 굽혀서, 손가락으로 땅에 무엇인가를 쓰셨다. 그들이 다그쳐 물으니, 예수께서 몸을 일으켜, 그들에게 말씀하셨다. "너희 가운데서 죄가 없는 사람이 먼저 이 여자에게 돌을 던져라." (요8:4-7)

아이의 마음속에는 눈이 하나 있다. 자기를 바라보는 눈. 그 눈이 아이를 부정하면 아이도 스스로를 부정한다. 부모의 기대치에 미치지 못하는 성적 때문에 아이에게 실망과 좌절의 눈빛을 보내는 부모는 과연 아이의 기대치에 충분히 도달한 부모인가? 아이가 어려서는 부모를 감히 평가하지 못하지만, 서서히 나이를 먹어 가면서부터 부모를 평가하기 시작한다. 부모는 아이의 기대치에 모자라는 사람이다. 그래서 청소년기에 접어든 아이는 반항하며 부모를 무시한다. 이 상황에서는 부모가 나름대로 자랑스럽게(?) 생각하는 부모 자신의 학력이나 사회적 지위가 별 의미를 못 갖는다는 사실이다. 아이는 부모가 갖고 있는 그 이상의 기대치를 마음에 품고 부모를 대하기 때문이다. 부모가 자기에게 가르쳐 준 대로 배워서 그대로 돌려주고 있는 것이다. 너희 중 죄 없는 자가 먼저 돌로 치라, 단 너도 돌 맞을 수 있다는 사실을 잊지 마라. 성적이 부모의 기대치에 모자란다는 것 때문에 하나님이 실망해서 그 아이를 정죄하실 것이라는 확신을 가지고 있지 않다면, 부모로서 성적 때문에 아이에게 실망했다고 말하는 것이 과연 바람직한 선택일까?

☞ 내가 아이를 생각할 때면 떠오르는 감정과 이미지와 생각을 구체적으로 적으시오.

_____

_____

_____

내 아이를 떠올리는 순간, 왠지 모르게 갑갑하고 한심하기도 하고 걱정스럽기도 하고 짜증에 화가 슬그머니 고개를 든다면, 참으로 부모로서 어려운 시절을 살아 내고 있는 것이겠죠. '왜 내 새끼가 저 모양인가?'라는 느낌이 마음을 차지하고 있다면, 이런 부모의 시각이 아이의 마음에 남겨 줄 낙인은, '좀 더 열심히 해서 부모의 기대와 사랑에 보답해야지.'라는 마음이 아니라, '그래 나는 안 돼, 어쩌라구?'라는 포기와 반항의 마음일 가능성이 훨씬 높습니다. 부모의 눈에 한심해 보이는 아이는, 자기 스스로를 한심한 존재로 규정하고 그렇게 행동함으로써 부모의 간절한 소망(?)에 부응해 가는 존재가 될 것입니다.

부정적 자아관

성적표는 엄마의 아이에 대한 태도에 결정적 영향을 준다. "아니 이게 뭐야. 어떻게 이런 점수를 받을 수 있지." 아이에 대한 실망감이 너무도 커서 엄마는 아이를 무시(혹은 멸시)하게 된다. 아이는 예민하게 받아들인다. 엄마의 표정과 마음이 아이에게 접수되는 것이다. 부모는 자신을 한심하고 나쁜 아이로 생각하고 있으며, 자신을 미워한다고 믿기 시작한다.

아이의 가장 큰 목표는 부모의 관심과 지지입니다. 아이는 부모가 자신을 존중하고 지지해 주기를 원합니다. 그러한 지지와 관심을 얻기 위해 어려서는 말을 잘 듣기도 합니다. 하지만 부모의 관심과 지지가 자기로서는 도저히 감당할 수 없는 조건(학교 성적, 부모의 화풀이 대상, 변덕스런 부모의 대응 등)이라는 점을 되풀이 경험하고 나면서부터 아이는 부모로부터 벗어나 또래 집단으로 향합니다.

점수 때문에 절망하는 엄마의 시선은 아이에게 죄책감과 무능감을 심어줄 수 있습니다. '엄마를 불행하게 하는 나'는 곧 '사람들을 불행하게 하는 나'로 이행할 수가 있습니다. 부모의 실망과 한숨은 아이에게 무엇을 하든지 간에 자기는 실패하고 말 것이라는 부정적인 자아 정체감을 키워 줄 수도 있습니다. 결국 아이는 자기가 살고 있는 세상을 향해서 부정적 기대를 품게 될 것입니다. 자기를 부정적인 존재로 만들어 준 부모를 향해서 그랬던 것처럼 말입니다.

부모를 위한 공부?

"내가 너 때문에 이 고생하는데 공부도 안 하고…"

부모는 자기가 어쩔 수 없이 힘들게 고생하는 대가의 보상을 아이에게서 기대한다. 아이로서는 미안함과 더불어 스트레스를 받게 될 것이다. 부모는 이를 무기로 아이에게 공부할 것을 강요할 것이기 때문이다.

하지만 이런 부모의 태도는 아이의 행동 개선에 그다지 좋은 영향을 주지 못한다. 물론 아이가 죄책감 때문에, 부모에 대한 미안함 때문에 공부를 좀 더 하는 척 할 수도 있다. 그러나 그것은 결코 진심이 아니다. 만약 공부가 좀 더 힘들고 어려워지면, 그래서 자기가 불행하다고 느끼게 되면, 아이는 그 상황을 해결하기 위해 부모가 자신에게 했던 것과 똑같은 방식으로 문제를 해결하려 할 것이다. 그래서 이렇게 부모를 향해 외친다.

"(부모 때문에) 내가 이 고생(공부)하는데 사달라는 것도 안 사주고 나한테 해 준 게 뭐가 있어."

아이의 마음에는 부모의 눈이 자리잡고 있습니다. 아이가 자신을 바라보는 시각은 부모의 눈을 통해 만들어져 갑니다. 아이는, 부모가 자기를 어떤 식으로 바라보고 있느냐를 느끼고 읽음으로써, 자신에 대한 관점(자아 개념)을 형성하게 된다는 말입니다. 부모가 아이를 향해 품고 있는 생각과 아이에 대해 지니고 있는 태도 등은, 아이로 하여금 '나는 이런 사람이다.'라는 인식을 갖게 하는데 있어서 가장 중요한 요인으로 작용합니다.

아이의 점수 때문에 절망하는 부모의 시선은 아이에게 '난 왜 이렇게 못하냐?'라는 자책과 함께 자신이 무능한 존재라는 느낌을 갖게 합니다. 부모의 기대에 미치지 못하는 자신에 대해 아이도 절망하는 것입니다. 아이에게 있어서 가장 중요한 것은 부모의 인정과 지지이기 때문입니다. 아이는 자신의 못난 점수 때문에 부모에게 버림받지나 않을까 싶어 두려움에 사로잡힙니다. 부모 생각에는 아이가 자신의 부족을 반성하고 좀 더 열심히 공부하도록 자극을 주기 위해 필요하다고 여기겠지만, 아이는 그런 부모의 시선과 대응에 대해 처절한 절망과 두려움을 갖게 됩니다. 십중팔구는 오히려 하고자 하는 의욕을 더욱 상실하게 됩니다.

때로는 부모에게 버림받을까 두려워 어거지로 애를 써서 조금은 나아지기도 하지만, 문제는 아이의 내면에 형성되게 되는 두려움과 자신에 대한 불신(무능감)이라는 질병입니다. 부모에게는 아이의 점수만 보이겠지만, 아이의 자아는 안으로 곪아 가고 있는 것입니다. 점수가 좋아지면 잠깐 좋아하던 부모는 또 다시 아이에게 좀 더 열심히 하라고 재촉하며 기대 수준을 높입니다. 아이는 이런 주문이 결코 끝나지 않으리라는 것을 경험적으로 학습하게 됩니다. 아이의 점수에 대한 욕심을 멈출 줄 모르는 부모에 대한 원망이 아이 마음에 조금씩 자리 잡아 갑니다. 좀 더 크게 되면 말과 행동으로 폭발하게 될 마음의 병을 아이가 내면에 키워 가고 있지만, 부모는 눈앞에 드러난 점수에 눈이 멀어 아이의 이런 내면 상태를 눈치채지 못합니다.

어느 때부턴가 아이를 몰아세워도 점수는 그다지 나아질 기미를 보이지 않고, 아이는 나이를 먹어 가면서 조금씩 부모의 지시를 거역하고, 거짓말을 하거나, 부모에게 반항하기 시작합니다. 그런 아이의 행동 변화를 보면서 부모는 더욱 열불이 납니다. "공부를 어디 나 좋으라고 하라는 거냐, 다 너를 위해서 하라는 것인데, 너는 어쩌자고 말을 안 들어 먹냐?" 아이에 대한 원망과 불신이 싹트기 시작합니다. 그러다가 더욱 힘에 부치게 되면 "너 때문에 내가 이 고생하는데 하라는 공부는 안 하고 뭐하는 짓이냐?"라며 아이 때문에 부모 자신이 불행하다고 역설합니다. 부모의 입장에서 아이에게, 공부를 열심히 안 하고 있는 자신의 행동에 대해 미안함을 느끼게 하고 싶은 것입니다. 그러면 아이가 반성해서 좀 더 열심히 하지 않을까 하는 기대가 있기 때문입니다.

그러나 부모의 기대와는 달리 아이는 '부모를 불행하게 하는 존재'라는 부모의 시각에 절망하면서, 한편으로는 자책감을 또 한편으로는 반항심을 키워 갑니다. 그러다가 좀 더 크게 되면 똑같은 식으로 부모에게 복수합니다. '부모 때문에 내가 불행하다. 남겨 줄 재산도 없고, 충분히 밀어주지도 않고, 남들은 부모가 잘나서 해 주는 것도 많아 별 어려움 없이 인생이 풀리는데, 나는 뭔가?'라고 속으로 곱씹으면서 부모를 향해 공격적인 태도를 취하기도 합니다. 어떤 부모는 회사를 물려주기도 하고, 아이가 평생 먹고도 남을 만큼 유산을 남겨 주어서 그까짓 공부 안 해도 걱정 없이 잘살 수 있는데 말입니다. 아이들이 보기에는 그런 부모들이 의외로 많습니다. 우리 주변에서는 찾기가 쉽지 않지만, 신문이나 잡지를 읽다 보면, TV 드라마를 보다 보면 너무도 흔히 등장합니다.

부모가 심어 준 의식이 아이의 자아를 형성합니다. 부모가 품고 있는 삶에 대한 부정적 시각이 아이에게 그대로 전달되어, 아이마저도 부정적으로 삶을 바라보게 됩니다. 많은 부모들이 자신의 삶에 대한 절망(원만하지 못한 결혼 생활, 직장에서의 실패 등)을 아이의 성적으로 보상받아 보려 하다가, 결국은 아이마저도 부모와 똑같이 삶에 대해 절망하고 분노하도록 만드는 것입니다. "내 자식은 나처럼 살면 안 돼, 너는 보란 듯이 성공해야 해." 부모의 아이를 향한 마음은, 일종의 자기 보상적 기대가 더해짐으로써 부모의 삶의 의미를 결정하는 궁극적 가치로 자리잡게 됩니다. 부모의 그 궁극적 가치에 부응하지 못하는 아이의 성적 때문에 아이와 세상에 대한 부모의 절망과 분노가 적나라하게 드러납니다. 그 절망과 분노의 기운을 받아먹으며 아이의 자아가 부정적으로 형성되어 가는 것입니다.

아이 혼내기

문제의 핵심은 매개체의 종류(체벌이냐 대화냐)가 아니라 그 매개체를 통해서 어떤 의미가 전달되고 있느냐는 것이다. 즉 그 매개체에 대한 아이의 해석이 중요하다. 매가 폭력이 되는 이유는 매가 지닌 물리적 속성 때문이 아니라, 그 매를 통해서 전달되어지는 의미 즉 증오와 멸시 때문이다. 맞는 자는 자신이 멸시와 증오의 대상이 되고 있다는 사실에 충격과 상처를 입는다.

말 역시 마찬가지이다. 대화를 한다고 하지만 실상 그 대화의 의미가 아이에 대한 증오와 멸시인 경우, 이는 똑같이 폭력으로 작용하게 된다. 그 대화의 내용이 무엇이냐는 부차적인 관심거리이다. 진짜 중요한 것은 대화의 분위기 즉 정서다. 즉 대화의 분위기가 '너는 한심한 놈이야, 쓰레기 같은 짓만 하네, 네 인생 앞길이 훤하다.'는 식으로 아이를 탓하는 것이라면 더 이상 그 대화에서 인격적인 교감을 기대하기가 힘들다.

아무런 감정(멸시받는다는 느낌)없이 차라리 몇 대 맞고 마는 게 훨씬 더 인격적이고 교육적이며 호소력이 있다. 교사나 부모의 회초리에 증오심과 멸시의 감정이 동반되지 않는 한 아이들은 매에 대해 그다지 민감하게 반응하지 않는다.

아이에게 있어서 가장 큰 상처는 자신이 부모에 의해 판단되고 있다는 느낌입니다. 부모가 자신에 대해 저울질하며 부모의 기대에 못 미치는 인간이라는 비난의 시선을 갖고 있다는 사실은 아이에게 가장 힘겨운 멍에입니다. 물론 여기서 부모들은 전혀 그런 적이 없다며 사실 여부를 가려 보자고 덤빌지도 모릅니다. 어쩌다 한두 번 그럴 수야 있겠지만, 근본적으로 어떤 부모가 자기 아이를 멸시하겠느냐고 말입니다. 맞는 말입니다. 하지만 중요한 것은 아이가 그렇게 느끼고 있다는 점입니다. 아이가 어떻게 받아들이고 있느냐가 중요하지, 실제로 부모의 시선이나 태도가 그러했느냐의 사실 여부는 그다지 의미가 없습니다.

아이들은 자주 부모를 실망시킵니다. 아니 부모 역시 아이들을 자주 실망시킵니다. 인간이라면 누구나 다 너무도 자주 다른 사람들을 실망시킵니다. 다시 말해서 자녀가 부모를 실망시키는 것은 그다지 큰 일이 아니라는 말입니다. 인간사에서 흔히 있는 일입니다. 다만 부모가 자기 아이에 대해 갖고 있는 기대와 관심이 너무도 크다 보니 그 실망이 크게 와닿을 따름입니다. 그래서 아이를 향한 부모의 반응 역시 의식하지도 못하는 사이에 강하게 표출되게 마련이며, 아이로서는 가장 소중한 존재인 부모의 반응을 심각하고 민감하게 받아들일 수밖에 없습니다. 아이에게 아주 절대적인 영향을 끼치게 되는 것입니다.

부모를 실망시키는 아이에게 부모는 어떻게 해야 할까요? 부모의 실망을 감추고, 전혀 안 그런 듯이 항상 만족스러워 하면서 위선적인 모습을 보여 주어야 하는 걸까요? 그렇지는 않습니다. 오히려 솔직하지 못한 부모의 태도가 아이에게 더 나쁜 영향을 줄 수도 있습니다. 그러나 부모가 자기의 실망한 감정을 드러내고 이것을 아이에게 얘기하고 처리하는 방식은 부모마다 다양한 모양으로 나타날 수 있습니다. 부모가 어떻게 표현하느냐에 따라 아이에게 전혀 다른 결과를 가져올 수 있습니다.

가장 중요한 것은 실망의 대상이 무엇인가 하는 문제입니다. 실망의 대상이 아이입니까? 아니면 아이의 행동입니까? 어느 쪽이냐에 따라 부모의 표현과 대응 방식은 달라집니다. "부모를 실망시킨 너의 행동은 나쁘다."와 "부모를 실망시킨 너는 나쁘다."라는 두 가지의 표현이 가능해집니다. 아이의 행동에 실망하였다면, 그 행동 이외의 것에 대해서는 문제가 없는 것입니다. 따라서 부모의 실망은 쉽게 회복될 수가 있습니다. 반면에 아이에 실망하였다면, 그 행동 이외의 다른 것들까지도 다 문제가 있는 것이 됩니다. 이런 상황에서는 아이가 부모의 실망으로부터 벗어날 수 있는 방법이 거의 없습니다. 아이의 모든 면이 다 부모를 실망시키는 원인이 될 것이기 때문입니다.

죄는 미워하되 사람은 미워하지 말라는 말이 있습니다. 아이의 행동에 대해 화를 내는 것과 아이에 대해 화를 내는 것은 전혀 다른 차원입니다. 아이 행동에 대한 화는 일회적입니다. 그리고 아이의 다른 면에 대한 사랑에 의해 금방 잊혀집니다. 하지만 아이 자체에 대한 화는 영구적입니다. 아이의 다른 면에 대한 사랑이 성립할 수 없도록 영향력을 행사하기 때문입니다. 부모들은 이 두 상황의 차이점에 대한 분별력을 갖지 못한 채 그냥 행동합니다. 당연히 부모 자신은 아이의 행동에 화가 난 것이라고 믿으며 말입니다. 하지만 아이는 부모가 아이의 존재 자체에 대해 분노하고 있다고 느끼는 것입니다.

'사랑의 매'라는 말이 있습니다. 요즘은 거의 죽어 버린 말입니다. 폭력을 합리화하기 위한 수단에 불과하다는 것이지요. 그러나 사실은 때리느냐, 말로 하느냐, 벌(용돈 제한, 외출 금지 등)을 주느냐가 중요한 게 아닙니다. 본질은 그 속에 담겨진 의미입니다. '어떤 메시지가 아이의 마음에 전달되고 있느냐'입니다. 매보다 더 끔찍한 것은 그 속에 담긴 의미, 즉 부모의 아이에 대한 불신과 멸시와 증오인 것입니다. 아무리 부드러운 말로 타이른다고 해도 그 말에 담겨진 의미가 비난과 멸시와 불신이라면 아이에게는 상처가 클 수밖에 없습니다. 매를 맞더라도 그 매가 단순히 어떤 바람직하지 못한 행동에 대한 대가일 뿐, 분노나 멸시나 불신의 의미가 담겨 있지 않다면(아이가 그렇게 느끼고 있다면) 아이에게는 전혀 상처가 되지 않습니다. 여기서 잊지 말아야 할 점은, 부모가 어떻게 느끼느냐보다 아이가 어떻게 느끼느냐가 핵심이라는 것입니다. 부모는 멸시나 불신을 표현한 게 아니라고 하더라도, 아이가 그렇게 느끼고 있다면, 해명은 제쳐 두고 공감이 우선입니다.

공부 못하는 것은 죄가 아니다

사실 공부 못하는 것은 혼낼 일이 아니다. 공부 못하는 것은 도덕적인 문제가 아니기 때문이다. 도덕적인 잘못(남을 배려하지 않거나, 할머니께 무례하게 굴거나, 거짓말을 하거나)에 대해서야 따끔하게 화를 내고 때로는 매를 들 수도 있는 일이지만, 공부 못하는 거 가지고 괜히 혼을 내서 기죽일 일이 아닌 것이다.

모든 사람이 다 공부를 잘해서 모두 1등 할 수는 없는 것이다. 그래도 내 아이만은 1등을 해야 한다고 우긴다면 이는 부모의 지나친 욕심이다. 자신은 과연 아이가 보기에 1등 부모인지를 생각해 보면 알 것 아닌가. 아이가 보기에 세상에는 자신의 부모보다 잘난 부모를 가진 아이들이 너무나 많다. 그런 것 다 따져 보자면 아이로서는 나름대로 부모에게 자식 도리를 할 만큼 하고 있는 것이다.

아이가 성적이 잘 나오지 않으면 부모로서 화를 내고 꾸짖으며 자신의 감정 풀이를 할 것이 아니라, 오히려 아이와 함께 공부 잘할 수 있는 방법(모르는 것 알아 가기)을 모색해 볼 일이다. 그게 아니다 싶으면 아이가 잘할 수 있는 뭔가 다른 일을 함께 찾아보던가 할 일이다.

아이의 성적에 대한 부모의 논리는 이렇습니다.
-> 아이 성적이 맘에 안 들어.
-> 내 애는 왜 저럴까? (나는 아이 교육을 잘 못하고 있나?)
-> 다 애(공부를 안 해서) 때문이야. (나는 부모로서 할 만큼 하려 애쓰고 있어!)

부모 마음에 안 차는 성적이 죄라면 아이를 혼내는 것이 마땅합니다. 부모가 요구하는 수준에 도달하지 못한 성적이 죄입니까? 공부 못하는 것은 죄가 아닙니다. 돌 지난 아이가 아직 잘 걷지를 못합니다. 그게 죄입니까? 그래서 부모는 그 아이를 혼내고 벌을 줍니까? 세상에 그런 부모는 없을 것입니다. 부모라면 오히려 아이를 돕기 위해 다방면으로 알아보고 노력할 것입니다. 그렇게 애를 써 봐도 안 되면 결국은 아이를 내다 버립니까?

성적도 마찬가지입니다. 아이의 점수를 올리기 위해 부모는 돈을 투자합니다. 각종 학원, 족집게 과외, 외국 연수 등등 남들이 해 보는 방법은 다 찾아서 시도해 봅니다. 돈도 숱하게 들어갑니다. 하지만 아무리 부모가 애를 써도 돈을 들여도 성적이 생각한 만큼 잘 오르지 않습니다. 그래서 부모는 화가 납니다. 절망합니다. 투자한 만큼 성과를 내지 못하는 아이가 꼴도 보기 싫어지기도 합니다. 그래서 결국은 아이를 마음으로 내다 버립니까?

부모로서 '나는 할 만큼 하고 있다.'고 부모는 말합니다. 그럼 아이는 할 만큼 안 하고 있을까요? 아이도 말은 안 하지만, 자식으로서 '나도 할 만큼 하고 있다.'고 항변하고 있습니다. 남들 부모는 공부 못해도 돈으로 외국 대학 다 보내 주고 하더구만, 우리 부모는 왜 이리 무능한가라고 아이가 묻는다면 뭐라고 대답하겠습니까? 아이의 점수가 죄가 아니라, 점수도 못 올리면서 들어가기만 하는 돈이 죄입니다.

부모의 평가

아이에게 필요한 것은 성장하고자 하는 의지다. 지금 잘했는지 못했는지에 대한 판단은 이미 아이 자신이 내리고 있다. 자신이 이룩한 결과에 대해 부모가 어떤 입장을 갖고 있느냐가 아이에겐 중요하다. 시원찮은 성적 때문에 부모에게 혼나는 것이 문제가 아니라, 부모가 나를 인정하지 않으리라는 사실이 두려운 것이다.

혼나는 것은 그 시간이 지나면 끝이다. 하지만 부모가 아이를 향해 갖고 있는 평가는 여전히 지속된다. 부모가 더 이상 아이를 인정할 수 없다는(믿을 수 없다는) 실망감에 사로잡혀 있을 때, 아이는 부모의 인정을 얻고 부모의 믿음을 회복하기 위해 최선을 다하는 것이 아니라, 나는 하찮은 존재라는 절망감에 빠지면서 자신감을 상실해 간다.

부모로부터 인정받지 못한 아이는 성장하고자 하는 의지를 갖기 힘들다. 성장하고자 하는 의지를 상실한 아이에게 부모의 꾸중은 절망과 분노를 생산해 낼 뿐이다.

아이의 성적이 안 좋다고 느끼는 순간, 부모는 기대에 미치지 못한 아이에 대해 인정하지 못하겠다는 평가를 내리게 된다. 부모 입장에서는 '아이의 장래가 걱정이 되어서'라고 말을 하겠지만, 아이의 입장에서는 부모의 선고(인정받지 못함)로 받아들여진다.

성적 자체는 사실이다. 하지만 성적이 안 좋다고 말하는 순간, 평가(정죄)가 된다. 이러한 평가는 짐이 되어, 아이에게 자신이 인정받지 못하고 있다는 절망감을 심어 주고 더 나아가 아이에게서 성장하고자 하는 의지를 빼앗아 간다. 결코 아이의 성적이 나쁘다고 말하지 말라. 좀 더 나아지기 위해 어떻게 해야 할지를 함께 고민해라. 설령 더 나아지지 않는다 해도 실망하지 말자. 그것이 인간 평가의 유일한 기준은 결코 아니기 때문이다.

아이를 망치는 것은 아이의 성적이 아닙니다. 성적에 대한 부모의 평가입니다. 성적이 안 좋다고 부모가 실망하는 순간, 성적은 사실에서 평가로 바뀝니다. 부모의 아이에 대한 평가는 절대적 영향력을 갖습니다. 아이는 자존감에 상처를 입고 세상에서 인정받지 못하는 아이로 스스로를 규정해 버립니다. 부모에게 인정받지 못한다는 것은 곧 세상이 자기를 버렸다는 의미이기도 합니다. 더욱 치명적인 것은 아이가 스스로 성장하고 발전하고자 하는 의욕을 상실해 가는 것입니다.

그러다가 나이가 들어 청소년기에 접어들어서 부모에게 저항할 힘이 좀 생기면, 자기를 인정해 주지 않는 부모로부터 벗어나서 마음의 눈을 자기를 인정해 주는 또래들에게로 돌립니다. 부모를 버러지 쳐다보듯 하며 집밖으로 나돌기 시작합니다. 그리고 부모가 싫어하는 짓들을 골라 가며 해 댐으로써 자기를 버린 부모에게 복수하기 시작합니다. 성적 때문에 부모가 자기를 인정하지 않았듯이, 아이는 별로 해 주는 것도 없는 부모의 무능함을 빌미로 부모를 인정하지 않으려고 합니다.

부모의 욕심

'너무도 잘하는 내 아이'의 모습을 보고 싶다는 부모로서의 즐거움을 뒤로 미룰 줄 아는 능력이 부모들에게 절실하게 요청된다. 기대하는 만큼 잘하지 못하는 아이를 보면서 맘 편하게 바라볼 수 있어야 한다. 그게 되지 않는다면 문제가 있다. '잘하는 내 아이'에 대한 욕심을, 아이를 위해서라는 부모의 사랑(희생)으로 위장하는 부모가 될 가능성이 많기 때문이다. 그것이 가져올 결과는, 아이의 행복을 위해 반드시 키워 주어야 할 자발적 능력을 강탈하는 우를 범하면서도, 나는 부모로서 아이를 위해 할 수 있는 걸 다했노라고 여기저기 하소연하면서, '기대 못 미치는 아이'에 대해서는 원망의 눈길을 보내는 마녀 같은 부모가 되는 것이다.

아이가 잘하기를 바라는 것은 부모의 사랑이 아니라, 부모의 욕심입니다. 오히려 잘 못하는 아이를 지지하고 포용하는 것이 부모의 사랑입니다. 그러한 부모의 진정한 사랑을 가로막는 주범이 바로 아이를 향한 부모의 기대치(성적 점수)입니다. 부모는 항상 아이를 향한 기대치를 아이의 현실보다 조금 더 높게 잡습니다. 그래서 모든 부모는 아이를 바라보면서 좀 더 잘했으면 좋겠다고 늘 아쉬워합니다. 1등 하는 아이의 부모나 꼴등 하는 아이 부모나 다 마찬가지입니다. 이게 부모들의 가장 큰 질병입니다.

잘 못하는 아이를 맘 편하게 바라볼 수 있는 태도야말로 모든 부모가 추구해야 할 부모로서의 기본 자질이요 능력입니다. 이러한 태도를 통해서만이 부모로서 아이에게 진정한 사랑을 보여 줄 수가 있습니다. 잘 못하는 아이를 맘 편하게 바라볼 수 있을 때 비로소 아이를 위해 진정 필요한 것이 무엇인지도 잘 보입니다. 그리고 이러한 부모에게서 교육받고 자라는 아이들이 그 누구보다도 삶을 행복하게 살 수 있는 능력을 갖게 됩니다.

사실 부모들의 입장에서 아이의 성적을 탓할 게 아닙니다. 우리 부모들도 잘 못하고 있지 않습니까? 직장 일, 가정 문제, 친구 관계, 물건 구매, 자녀 교육, 부부 관계 등등 우리 삶의 면면을 들여다보면, 잘하고 있는 것보다는 못하고 있는 것이 더 많을 때도 많습니다. 인간은 누구나 그렇습니다. 그런데 아이의 다른 면들은 다 무시하고 오로지 점수에만 올인해서 그것만을 가지고 아이를 대하려는 것은 너무도 삶의 현실에 무지한 교육 방식입니다.

아이를 바라보는 부모의 초점을 이동시킬 필요가 있습니다. 부모의 기대치(원하고 있는 것)에서 벗어나 '아이가 할 수 있는 것, 아이가 진정 하고 싶은 것'으로 부모의 관심 방향을 바꾸는 것입니다. 부모의 관심 방향이 바뀌면, 아이에 대한 평가와 자신의 삶에 대한 기준도 바뀌게 됩니다. 그래서 부모가 지금 아이의 성적에도 불구하고 자족하고 감사하는 삶을 살 수 있을 때, 부모 자신도 삶이 행복해지고 아이도 미래를 행복하게 살아갈 수 있는 능력을 키워 갈 수 있게 됩니다.

☞ 아이의 나에 대한 느낌과 생각을 추측해서 적으시오.

아이가 부모에 대해 갖고 있는 이미지와 감정은 부모가 아이를 대하는 태도와 감정에 의해 좌우됩니다. 부모를 향한 아이의 감정과 생각을 바꾸고 싶다면, 먼저 부모가 아이에 대해 품고 있는 감정과 생각을 바꾸어야 합니다. 아이가 좀 변하는 기색을 보여 줘야 아이에 대한 부모의 감정이 개선되지 않겠느냐는 부모의 논리는 부모가 좀 변하는 기색을 보여 줘야 부모에 대한 아이의 감정이 개선되지 않겠느냐는 논리와 맞물려 있습니다. 어느 한 쪽이 먼저 그 논리를 버리지 않는 한 해결은 어렵습니다. 아직 미성년인 아이가 먼저 이를 깨닫고 양보하기는 어려운 일 아닐까요? 물론 그 관계의 시작에 대한 책임은 아이가 아니라, 부모에게 있었음이 분명합니다. 아이의 성적(부모의 기대치)이 원인이라지만, 부모가 성적 미달이라는 상황을 어떤 방식으로 다루었느냐가 관건이기 때문입니다.

잘못된 부모 자녀 관계 유형과 아이에 미치는 영향
① 과보호(과잉 서비스)형

　지나친 보호 / 아이가 원하는 대로 다 해 주려 한다.

　애의 욕구와 불편함 해결에 모든 관심을 집중한다. 아이가 혹시 다치거나 잘못 되거나 실수할까봐 부모가 나서서 다 해 준다.

　=> 나는 무능해. / 실패에 대한 두려움

② 과요구(엄한 통제)형

　과도한 기대치 / 항상 남보다 뛰어날 것을 요구한다.

　부모의 원칙을 강요한다. 아이가 한 것에 대해 인정하기보다는 더 해야 할 것, 부족한 부분을 자꾸 지적질하고 상기시킨다.

=> 나는 결코 부모를 만족시킬 수 없어.

③ 못마땅(경멸)형

지속적 비난 / 내 자식 맞아, 누굴 닮아 그 모양이냐?

부모 자신의 불만에 집중하고 매사에 화를 낸다. 아이가 하는 짓이 하나같이 마음에 들지 않음을 늘 드러낸다.

=> 나는 한심한 놈이야.

④ 방치(무관심)형

애정 표시 없음 / 네가 알아서 살아라.

아이에게 필요한 것을 제때에 제공하지 않는다. 무엇이 필요한지, 돌봐 주어야 할 것이 있는지에 대해 생각이 없다. 어린 아이를 혼자 있게 놔두고 외출하며, 아이의 욕구가 뭔지에 대해 관심을 기울이지 않는다.

=> 나는 사랑스럽지 않은 인간이야.

⑤ 거부(귀찮아)형

바쁜 거 안 보여 / 엄마한테 가 봐

내가 그런 거까지 신경 써야 하니? 아이의 행동에 대해 반응을 보이지 않는다. 아이와의 관계를 귀찮아하고 회피한다.

=> 나는 무가치한 존재야.

☞ 나의 언행 중에 아이에게 상처를 주었을 것 같은 것을 기억해 보시오.

_____

☞ 나의 언행 때문에 상처받았던 경험을 아이에게서 들어 보고 정리하시오.

_____

_____

 어쩌면 아이는 그런 거 없다고 대수롭지 않게 얘기할지도 모릅니다. '그렇지 뭐. 그럴 일이 있었겠어.'라고 안심하진 마십시오. 진짜 없어서가 아니라, '얘기해 봐야 무슨 소용이 있겠나.'라는 자기방어적 반응일 수도 있고, 기억하기 싫어서 무의식 저편에 깊숙이 숨겨 두었을 수도 있습니다. 정색을 하고 진지하게 아주 중요하다며 아이의 얘기를 들으려고 하십시오. 시간이 걸리더라도 기억나면 얘기해 달라고 내게는 아주 중요하다고 부탁하십시오.
 만일 내가 기억하고 있는 내용과 아이가 얘기하는 내용이 일치한다면, 아이와의 공감에서 상당히 긍정적인 신호입니다. 만일 그렇지 않다면, 아이의 입을 통하여 무슨 일이 있었고, 아이가 어떤 감정을 느꼈고, 무슨 생각을 하였는지, 아이가 원하는 것은 뭐였는지 들어 보는 시간을 가질 필요가 있습니다. 부모 입장에서 "그건 그게 아니었고, 네가 잘못 생각한 거야."라며 아이의 말을 중단시키거나 변명하려 하지 말고, 그냥 들어 주기만 하고 "너는 그렇게 느끼고 생각했구나."라고 인정하여 주면 됩니다. 이때 시시비비를 가리려 하지 않는 게 중요합니다. 부모 입장에서 답답하고 원통해서 시시비비를 가리려 하면 오히려 역효과를 냅니다. 시비를 가리는 게 목적이 아니라, 들어 주는 게 목적입니다. 부모가 아이의 말에 대해 군말 없이 토 달지 않고 들어 주었다는 사실만으로 아이의 마음에는 깊은 여운을 남길 수 있습니다.

08 아이의 삶을 위한 진짜 실력

☞ 사람들이 사는 동안에 기뻐하며 선을 행하는 것보다 더 나은 것이 없는 줄을 내가 알았고 사람마다 먹고 마시는 것과 수고함으로 낙을 누리는 그것이 하나님의 선물인 줄도 또한 알았도다. (전3:12-13)

인간에게 있어서 최선의 환경이라는 것은 없다. 어떤 이는 배가 너무 불러서 성인병으로 죽고, 어떤 이는 배가 너무 고파서 빈혈로 죽는다. 라면 한 그릇에 인생이 행복한 경우가 있는가 하면, 십만 원 넘는 뷔페 음식을 놓고도 입맛이 없어 불행한 경우도 있다. 인생이 원래 그런 것이다. 없을 때에는 그것만 손에 얻으면 더 이상 불행은 없을 것처럼 갈망하다가도 막상 원하던 것을 손에 넣고 나면, 기쁨의 감격도 잠시 잠깐이고 얼마 지나지 않아 또다시 자신에게 없는 것이 있음을 발견하고, 또 다른 그것에 대한 갈망에 사로잡힌 마음은 불행해지기 시작한다. 그 바람에 자신이 가지고 있는 것조차도 즐거워하지 못하는 인생들이 세상에는 수두룩하다. 결코 물질적 환경이 인간을 행복하게 만들어 주는 게 아니라는 얘기다. 그 환경을 대하는 인간의 마음이 관건이다. 아이를 위한 최선은, 자기에게 주어진 것을 스스로 기뻐하고 즐길 줄 아는 마음을 갖게 해 주는 것이다. 하나님이 주신 것이기에, 가난하든 부유하든 감사함으로 대할 수 있는 믿음의 자발적인 모습이야말로 이 세상에 있는 그 어떤 스펙과 조건보다도 강력한 능력이다.

☞ 아이의 실력 향상을 위해 내가 하고 있는 것을 고르시오.

① 학교 수업에 앞서서 선행 학습을 시킨다. _____
② 전 과목 대비 학원에 보낸다. _____
③ 공부하라고 열심히 잔소리한다. _____
④ 딴짓을 못하도록 집에서 잘 관찰한다. _____
⑤ 성적 결과에 대해 아이를 채근한다. _____
⑥ 성적을 올리면 비싼 선물을 사 준다는 옵션을 건다. _____
⑦ 공부 시간을 절약하기 위해 아이를 차로 데려다 준다. _____
⑧ 학원 가는 시간과 귀가 시간을 핸드폰으로 체크한다. _____
⑨ 공부 잘하는 애들과 그룹 과외를 시켜 준다. _____
⑩ 집안 행사나 심부름 등에서 아이를 열외시켜 준다. _____
⑪ 공부를 할 때마다 칭찬을 해 준다. _____
⑫ 틀린 문제를 되풀이 복습하도록 지도한다. _____
⑬ 성적 결과에 대해 탓하지 않는다. _____
⑭ 스스로 공부할 때까지 기다려 준다. _____
⑮ 미래의 진로와 직업에 대해 함께 얘기한다. _____
⑯ 친구들과 운동하거나 노는 것을 적극 장려한다. _____

처음 문항부터 마음에 탁 와닿았습니까? 아니면 숨이 탁 막히는 것 같았습니까? ⑩번까지의 문항은 소위 강남 8학군의 교육열을 대표했던 내용들입니다. 지금은 곳곳의 학원들이 선행 학습을 필두로 하는 강남식 교육 행태를 마치 교육의 왕도이며 필수 코스인 양 선전해 대고 있지만 말입니다. 만일

⑩번까지의 문항 중에 체크 표시가 많이 되어 있다면, 당신은 아이를 수동적으로 만드는 통제형 부모일 가능성이 높습니다. 지금 당장은 효력을 좀 보고 있는지 모르지만, 아이의 자발적 능력을 죽이고 있기에 시간이 갈수록 아이에게 절망과 분노를 심어 주게 됩니다. 부모의 힘으로 아이의 점수를 올리기 위해서 매진하는 자신에 대해 '내가 과연 잘하고 있는 것인가?'하고 자문해 볼 필요가 있습니다.

만일 ⑪번 문항부터는 거의 체크가 되어 있지 않다면 아이와의 관계가 심각한 위기에 직면하고 있거나, 아니면 앞으로 그렇게 될 소지가 매우 높습니다. 대개의 경우 그런 상황이 겉으로 표출되는 시기는 아이가 청소년기에 접어들면서부터 입니다. 사춘기가 시작되었나 싶었는데, 사실은 억눌려 있던 부모에 대한 분노가 행동화하고 있는 것입니다. 어느 순간부터 부모에게는 공부하는 것처럼 속인 채 딴짓을 하고 다니거나, 게임에 빠져 부모의 속을 뒤집어 놓거나, 공부하기를 거부하고 사사건건 반항하면서 심지어는 학교 안 다니겠다고 협박하며 부모를 통제하는 지능적인 양상을 보일 수도 있고, 좀 더 심각한 경우는 어느 날 갑자기 성적을 비관하며 스스로의 인생을 포기할 지도 모를 일입니다.

부모는 아이의 실력을 키워 주고자 합니다. 그래야만 아이가 나중에 세상에서 잘살아 갈 것이라 여기기 때문입니다. 아이의 실력을 키워 주기 위한 부모의 노력은 점수 올리기로 온 신경이 집중됩니다. 점수야말로 아이의 실력을 나타낸다고 믿기 때문에 그렇습니다. 이러한 부모의 열정적인 시도 때문에 점수는 아이의 실력이 아니라 부모의 실력이 되고 맙니다. 초등학교 때의 점수는 부모의 노력과 환경의 영향인 경우가 대부분입니다. 아이들이 어릴 때일수록 부모의 간섭을 통해서 아이의 성적을 올리기가 쉽습니다. 그래서 돈 있는 사람일수록 어려서부터 시험으로 아이를 선발하자고 외치는 것입니다. 돈으로 승부하는 사교육을 통해 자기 아이의 능력을 일찌감치 규정해 놓고 싶어 하는 가진 자의 욕망과 음모가 바탕에 깔려 있습니다.

표면적으로는 능력에 따라 아이를 가르치기 위해 학교 평준화를 반대한다고 하고, 우열반을 편성해야 한다고 말합니다. 하지만 실제로는 다른 아이의 능력 발달을 억제하려는 시도입니다. 어려서부터 어려운 시험을 통해 공부 못하는 애를 자꾸 만들어 냄으로써, 그 아이들이 능력을 키울 수 있는 기회를 봉쇄하기 위한 심리적 환경을 만들어 놓는 것입니다. 어려운 시험을 통해 '나는 안 돼.'라는 주술을 어려서부터 걸어 놓는 것이지요. 반면에 돈 있는 집 애들은 갖가지 사교육을 통해 선행 학습을 시도함으로써 어려운 시험에 미리 대처하고 그렇게 얻어 낸 시험 결과를 가지고 '나는 돼.'라는 주술을 심어 주려는 것입니다.

아이의 능력은 만들어져 가고 있는 중이며 평생 동안 만들어져 갑니다. 그 능력이 언제 어떻게 꽃피게 될지 아무도 모릅니다. 문제는 그 아이의 능력을 믿고 지지해 주는 사람이 있느냐 입니다. 에디슨이 불행히도 교사로부터 저능아 취급을 당했음에도 불구하고 그가 지닌 능력을 결국 꽃피울 수 있었던 것은, 끝까지 믿고 기다리며 지지해 주는 어머니가 있었기 때문입니다. 지금 아이가 보여 주는 학습 능력에 개의치 않고 아이를 향해 지지와 격려를 보내 주고 도와주는 사람이 있는 한, 아이의 능력은 어느 순간 꽃을 피우기 마련입니다.

따라서 올바른 교육은 현재 드러난 점수에 따라 아이들을 구분하고 차별하는 것이 아니라, 아이에게 잠재된(앞으로 드러날) 다양한 능력을 발달시키도록 돕는 것입니다. 그래서 핀란드에서는, 개인 능력의 발달이 가정의 형편이나 출생 지역의 환경 조건에 의해 좌우되지 않도록, 모든 아이들에게 똑같이 양질의 교육을 제공하기 위해 노력합니다. 교육이라는 시스템 내에서 가급적 사회적, 가정적 격차를 줄여 줌으로써 아이들이 부모의 형편 때문에 차별당하지 않도록 배려하는 것입니다. 아이들 모두가 국가적 자원이기에 어느 하나도 소홀히 할 수 없습니다. 알콜 중독자의 아들이라고 해서 빌 게이츠와 같은 재능을 갖고 있지 말란 법은 없습니다. 빌 게이츠와 같은 재능을 지닌 아이가 알코올 중독자인 아버지 때문에 그 능력을 계발할 수 있는 기회를 박탈당한다면 이는 국가 공동체로서 커다란 손실이기 때문입니다.

아이의 실력

수업 시간에 능숙하게 답변하며 따라가지는 못하더라도, 그렇기 때문에 좀 더 열심히 들으려는 태도와 습관을 가지려 애쓰는 것이 아이에게는 진짜 더 중요한 일이다. 자기가 못 알아들은 것을 이해하기 위하여 수업이 끝난 다음에 교사를 찾아가 다시 묻거나, 아니면 옆에 있는 친구에게 도움을 청하거나, 그것도 아니면 참고 서적을 뒤적이면서 스스로 이해해 보려고 시도하거나 하는 등의 자발적 탐구 태도와 습관이이야말로 진정한 실력의 밑천이기 때문이다.

아이가 열심히 잘하는 것은 부모에게 참 신나는 일입니다. 하지만 아이에게도 마찬가지로 항상 좋은 것은 아닙니다. '열심히'에도 차이가 있기에 그렇습니다. 자기가 하고 싶어서, 재미있어서 열심히 하는 경우가 있습니다. 반면에 마지못해서, 무서워서 열심히 하는 경우도 있습니다. 열심히 한다고 해서 다 같은 게 아닙니다. 아이가 열심히 하는 것처럼 보인다 하더라도 그 아이의 '열심히'가 자발적이냐 피동적이냐가 중요하다는 말입니다.

진정한 실력은 자발성에서 시작됩니다. 같은 '열심히'라도 그 속 내용은 전혀 다릅니다. 스스로 하고 싶어서 하는 열심은 아이의 실력이 됩니다. 하지만 마지못해 하는 열심은 아이에게 독이 될 수 있습니다. 아이의 내면에 분노와 좌절을 심어 주기에 그렇습니다. 자기가 하고 싶은 것을 하겠다고 혹은 하기 싫은 것을 하지 않겠다고 의사 표현도 제대로 못하는 바보라는 분노와 좌절이 아이의 내면에 쌓일 수 있습니다.

많은 부모들에게 있어서 아이의 공부는 시험을 위한 것입니다. 그래서 시험 점수에 민감합니다. 아이에게도 시험 점수에 대해 자꾸 언급합니다. 하지만 시험 점수가 공부의 목표라면 교육은 아이의 능력을 제한하는 시스템이 될 수밖에 없습니다. 아이의 입장에서는 시험 점수를 잘 받기 위해서 시험에 나오는 것만 공부하려 할 것입니다. 그리고 시험이 끝나고 나면 그 공부 내용은 더 이상 쓸모가 없기에 쉽게 잊어버리게 됩니다. 그래서 시험을 위한 공부는 낭비가 되고 맙니다. 시험 친 후에는 다시 써먹을 일이 없기 때문입니다.

따라서 점수에 짓눌려서 시험 칠 의욕이 저하된 아이에게는 공부에 대한 의욕이 전혀 생겨나지 않게 됩니다. 잘 나오지도 않을 점수 때문에 공부를 해야 하고, 그 점수 때문에 구박을 당해야 하는 상황이 힘든 겁니다. 아이는 점수에 대한 스트레스 때문에 공부에 대한 흥미를 점점 잃어갈 수밖에 없습니다. 아이에게 공부는 마지못해서 할 수밖에 없는 것, 다시 말해서 가능한 한 하고 싶지 않은 것이 되고 맙니다.

반면에 공부라는 것이 시험과는 상관없이 모르는 것을 알아 가는 과정이라고 생각한다면 상황은 달라집니다. 모르는 것을 알아 감으로써 아이는 생활할 수 있는 능력을 키우고 자신을 성숙시켜 나갑니다. 공부의 목적은 깨달음이고 성숙이기에 교육은 아이의 능력을 향상시키는 시스템이 됩니다. 배워서 어떻게 이용할 것인가가 관심의 초점입니다. 삶을 유익하고 재미있게 하기 위해서, 삶을 살아가면서 주어지는 여러 상황에 잘 대처하기 위해서 자신을 성숙시키는 것이 공부의 목표가 됩니다. 그렇다면 공부는 자발적으로 하고 싶은 것입니다. 누구나 어떤 분야에서 능숙해지고 성숙해지는 것을 바라기 때문입니다. 그리고 이렇게 얻은 지식은 일평생 자산으로 남게 됩니다. 앞으로도 계속 쓸모가 있는 지식은 좀처럼 잊어버리지 않기 때문입니다.

과잉보호

초등학교 4학년 아이가 놀다가 들어왔다. 당연히 이마에 땀이 맺혀 있을 것이다. 어머니는 즉시 수건을 꺼내서 아이의 땀을 닦아 준다. 어머니는 과잉보호라고 전혀 생각지 않을 것이다. 물론 그 아이가 너덧 살짜리라면 과잉보호가 아니다. 하지만 열한 살짜리에게는 분명 과잉 친절이다. 아이가 학교에서 뭔 일이 있다 싶으면 쪼르르 담임을 찾아가 대신 해결해 주는 부모들의 교육열 역시 아이를 과잉 서비스 속에 키우고 있는 것이다.

아이를 위한다는 부모로서의 의무감에 빠져서 아이가 힘들지 않도록 모든 배려와 보살핌을 다 바치는 부모의 행동이 아이에 대한 과잉보호임을 부모는 잘 깨닫지 못한다. 그저 아이는 모든 걸 잘 못하니, 부모가 힘닿는 데까지 챙겨 주어야 한다는 일념하에 아이의 자발적 능력을 키울 수 있는 기회들을 다 제거해 버리는 것이다. 결국 이렇게 자란 아이들이 어느 날 학교 가기를 거부하는 상황까지 가기도 한다. 일명 등교 거부다. 초등학교에서 중학교, 고등학교로 올라갈수록 부모가 챙겨 줄 수 있는 영역이 줄어든다. 그만큼 아이는 힘들게 스스로 처리해야 할 일들이 많아진다는 얘기다. 그래서 학교가 가기 싫어지는 것이다.

갓 태어난 아이에게 있어서 가장 중요한 것은 엄마와의 애착 관계입니다. 모든 점에서 미흡한 아이에게 엄마는 모든 것을 가능하게 하는 전능자입니다. 엄마의 충분한 애정과 돌봄은 아이에게 세상에 대한 편안함을 느끼게 해 줍니다. 아이의 정서적 상태가 안정된다는 말입니다. 다시 말해서 정서적으로 건강한 사람으로 자랄 수 있는 토대가 형성된다는 의미입니다. 그래서 처음 세상에 태어난 아이에게 엄마의 반응은 결정적인 영향을 미칩니다. 아이의 욕구에 적절하게 반응해 주고, 아이를 많이 안아 주고 이뻐해 주는 부모의 애착이 아이의 건강성을 보장해 줍니다.

부모의 방임과 무관심은 아이의 자발성을 억제합니다. 갓난아이에게 있어 울음은 일종의 의사 표현입니다. 그런데 그러한 아이의 의사 표현에 대해 부모가 반응을 보이지 않습니다. 아이가 울어도 부모는 자기 스케줄대로 아이를 취급합니다. 이런 상황이 지속되면 아이는 자신이 아무리 의사 표현을 해 봐야 응답되지 않는다는 것을 깨닫습니다. 그래서 더 이상 자기를 표현하지 않고 얌전히 있기로 선택합니다. 자포자기입니다. 아이의 울음은 자발성의 표현입니다. 뭔가 부족함을 해결하기 위한 방법으로 자신의 불편한 정서를 표현하고 있는 것입니다. 그렇다면 부모는 아이의 자발적인 표현에 대해 뭔가 반응을 보여 주어야 합니다. 그래야 아이는 자기 의사 표현에 반응을 보이는 세계를 경험하면서 자발적으로 뭔가를 표현하고 시도하려는 마음과 의지를 지속적으로 키워 나갈 수 있기 때문입니다.

아이가 자라나면서 혼자서 기고 걷기 시작합니다. 이런 아이의 행동은 이제 아이가 부모로부터 분리되어 자기만의 개별성을 만들어 가고 있음을 보여 줍니다. 부모로부터 독립된 개체로 성장해 가는 것입니다. 그러다가 청소년기를 지나면서 완전히 부모에게서 떨어져 나갑니다. 결국 아이의 성장은 부모로부터 독립해 가는 과정입니다. 아이가 태어나서 점점 어른으로 커 가는 동안에 부모에 대해 의존하는 정도와 독립하는 정도가 비율적으로 역전되어 가는 현상이 벌어집니다.

성장 과정에 있는 어린 아이들은 수시로 장난을 치거나 휴지통을 엎거나 신발을 빠는 것과 같은 부모가 예상하지 못했던 일들을 저지릅니다. 부모 입장에서는 대단히 귀찮고 불편한 일이 분명하지만, 아이의 입장에서 보자면 나름대로 세상을 탐색하며 자기의 능력을 시험해 보고 있는 것입니다. 그런 정황을 이해하지 못하고 부모가 아이를 혼내거나 장난을 금지시키면 아이는 자발적으로 뭔가를 해 보겠다는 의욕을 포기할 수밖에 없습니다. 자발성을 잃게 되는 것입니다.

아이가 장난기가 많다는 것은 그 만큼 자발성이 강하다는 의미이기도 합니다. 무작정 금지시킬 게 아니라는 얘기입니다. 못하게 할 게 아니라, 안전하게 장난칠 수 있도록 아이가 다칠 수 있는 환경을 예방하는 조처(예를 들면 아이 손이 닿는 곳에 깨지지 않을 물건을 놓고, 아이가 신발을 가지고 논다면 신발을 깨끗이 빨아 놓는다거나 하는 등)를 해 주면 됩니다.

아이의 자발성은 아이가 부모로부터 독립적이 되어 가면서 생겨납니다. 따라서 아이에 대한 부모의 일방적인 통제나 간섭이나 과잉보호가 계속되면 아이의 자발성은 자랄 수가 없게 됩니다. 아이 스스로 해 볼 수 있는 여지를 마련해 주지 않기 때문입니다. 부모의 절대적인 돌봄과 간섭이 필요한 상황에서 아이는 서서히 부모의 돌봄과 간섭이 덜 필요한 상황으로 이동해 갑니다. 이 흐름을 잘 따라가 주는 게 부모에게는 중요한 과제입니다.

부모들은 흔히 '부모님 말씀에 복종해야 한다.'는 신념을 갖고 있기 마련입니다. 이런 신념에 따라 아이의 의사를 무시하고 부모의 의도대로 따를 것을 강요하는 상황이 자주 벌어지게 됩니다. 부모의 의도대로 따라가야만 하는 상황이 반복되면서 아이는 자발성을 발휘할 수 있는 기회를 잃게 됩니다. 그렇기 때문에 부모의 말을 잘 듣는 아이들은 결국 자발성을 억압당하고 있는 아이로 자라기가 쉽습니다. 그러니 "우리 애는 부모 말이라면 언제나 순종해."라는 말은 청소년기를 향해 자라가고 있는 아이들에게 좋은 얘기가 아닙니다. 부모와는 다른 의견(자발적인 견해)을 가질 수 있고 그것을 표현할 수 있어야 합니다.

아이가 점점 커 갈수록 부모가 아이를 대하는 방식도 성장의 단계에 따라 달라져야 합니다. 아이의 문제로부터 부모가 점점 더 멀어질 필요가 있다는 것입니다. 즉 아이가 스스로 대처하고 해결할 수 있는 여지를 넓혀 주고, 부모는 간섭(돌봄과 통제)의 영역을 점차적으로 줄여 나갈 필요가 있습니다. 간혹 아이의 문제 해결에 대한 책임이 부모에게 있다는 생각에 너무나도 사로잡혀서, 아이의 성장 단계를 무시한 채 아이의 문제에 계속해서 너무 밀접히 관여하는 경우가 종종 있습니다. 이는 아이를 돕는 것이 아니라, 오히려 아이의 자발성을 죽이고 있는 것입니다. 즉 아이의 건강한 성장을 방해하고 있다는 얘기입니다.

양육 태도

과잉보호 상황에서 자란 아이는 청소년이 되었을 때, 본인은 해결 능력이 없다고 느끼기에 자신감이 부족하게 된다. 그래서 어려운 문제에 부딪칠 때마다 남의 탓을 하거나 그 상황으로부터 회피하고 도망가려 한다.

부모의 양육 태만과 방치 상태에서 자란 아이는 청소년이 되었을 때, 본인은 근본적으로 세상이 필요로 하지 않은 무가치한 존재라고 느끼기에 자존감이 부족하게 된다. 그래서 다른 사람의 관심과 인정에 목숨을 걸고 집착하게 되고, 친구의 인정을 얻기 위한 목적으로 비행도 마다하지 않게 된다.

부모는 해결사가 아닙니다. 아이의 모든 문제를 부모가 다 처리해야 하는 것이 아닙니다. 부모에게는, 아이가 커 갈수록 아이의 행동에 대해 못 본 척 넘어가는 영역을 넓히는 훈련이 필요합니다. 숙제할 책을 학교에 두고 온다거나, 학교 준비물을 빼먹는다거나 옷을 아무데나 내팽개쳐 둔다거나 할 때, 잔소리하면서 비난하거나, 아니면 일일이 확인하고 챙겨 주는 일을 그만두는 것입니다. 물론 초등학교 1학년 때에야 챙겨 주는 게 필요할 것입니다. 하지만 학년이 올라가면서는 자기 문제를 스스로 할 수 있는 기회를 만들어 주어야 합니다.

그러기 위해서는 아이가, 자신이 한 행동이 자신에게 어떤 식으로 영향을 주는지를 직접 체험하도록 할 필요가 있습니다. 옷을 아무렇게나 내팽개쳐 두면 다음에 옷을 입을 때 구겨진 옷을 입게 되고, 숙제할 책을 안 가져오면 다시 학교에 가서 가져오거나, 아니면 다음날 일찍 학교에 가서 바삐 숙제를 해야 하거나, 또는 숙제를 못해서 선생님께 꾸중 듣게 되는 현실을 직접 체험하게 하는 것입니다. 아이가 혼날까봐, 남보다 뒤처져 보일까봐 걱정이 되서 부모가 일일이 다 챙겨 주다 보면, 아이는 자발성을 익히고 연습할 기회를 잃고 맙니다. 엄마가 해 주니까 아이는 더 더욱 신경을 꺼 버립니다. 그런 아이를 향해 엄마는 속이 터져서, 제대로 좀 챙기라며 언제까지 그럴 거냐며 고함과 잔소리를 퍼부어 댑니다. 그래도 아이는 여전히 자기 행동을 바꿀 생각을 하지 않습니다. 왜 그럴까요? 엄마가 다 해 주기 때문입니다.

아이가 축구 선수로 시합을 하고 있습니다. 부모가 관람석에서 구경을 합니다. 아이가 뭔가 부족한 듯해서 걱정이 됩니다. 그렇다고 해서 아이가 뛰고 있는 경기장 한복판에 들어가서 함께 뛰어다니며 지휘하고 때로는 아이 대신 직접 공을 받기도 하는 것은 부모로서 좋은 역할이 아닙니다. 부모는 대신 뛰어 주는 선수가 아니라, 아이의 친절한 안내자나 조언자로서 머물러 있을 필요가 있습니다. 경기장 바깥 관람석에 앉아 경기장에서 뛰는 아이를 응원하고, 가끔씩 방향을 제시하기도 하면서, 실수하기도 하고 넘어지기도 하는 아이를 지켜보는 것이 부모로서 적절한 모습입니다.

실패할 수 있는 권리

아이는 실패할 수 있는 권리가 있다. 부모가 그 실패에 대해 비난과 멸시를 쏟아붓지만 않는다면 아이는 얼마든지 실패를 교정해 나갈 수 있는 능력을 갖고 있다. 문제는 부모가 아이의 실수나 실패를 보며 "거봐 내가 뭐라 그랬어. 안 될 거라 그랬잖아. 엄마가 해 준다는데 왜 네가 하겠다고 나서서 일을 저질러."라며 잘난 체(?)하거나 부모 스스로 하겠다고 나서기를 좋아한다는 데 있다.

아이들은 밥을 흘리면서 먹을 권리가 있습니다. 밥상에 국을 엎을 권리도 있습니다. 시험 문제를 틀리거나 풀지 못할 수 있는 권리가 있습니다. 아이의 실수는 아이의 성장을 가능하게 하는 훈련의 과정입니다. 부모야 뒤처리하느라 귀찮기도 하겠지만, 그렇다고 해서 아이가 혼자서 시도하다가 실패할 수 있는 권리를 빼앗아서는 곤란합니다. 아이의 실수를 보자마자 "거봐 엄마가 뭐랬어."라고 비난하면서 부모가 대신 해 버리는 경우가 종종 있습니다. 아이의 자발성에 상처를 줍니다.

아이의 실패는 자연스러운 것입니다. 문제는 부모의 반응입니다. 아이의 실수나 실패를 부모가 부정적으로 대하게 되면 아이는 스스로 해 보려는 시도를 주저하게 됩니다. 실수하는 순간 부모의 태도가 냉랭해지는 상황을 경험해야 하기 때문입니다. 거기다가 부모가 나서서 대신 해 주게 되면(밥을 대신 먹여 주거나, 학원을 찾아서 등록시켜 주거나), 아이는 부모로부터 '너는 할 줄 아는 게 없어.'라는 메시지까지 주입받게 됩니다. 여기다가 아이에 대한 비난과 화풀이까지 가세하게 되면(말 안 들어 처먹고 제멋대로 하더니 꼴좋다), 아이는 더욱 위축될 것입니다.

부모 자신의 삶에 대한 불만과 불편한 심경을 아이의 실수를 빌미로 아이에게 쏟아 내는 경우도 있습니다. 밥 먹다 국을 엎은 아이를 보고 "너 때문에 내가 미치겠다, 왜 이렇게 날 힘들게 하니, 너까지 왜 속 썩이고 야단이야, 그러게 내가 하지 말라고 그랬지."라며 퍼부어 댑니다. 아이가 국을 엎을 수도 있는 것입니다. 아직 어리잖아요. 어리기 때문에 또는 실수로 충분히 그럴 수 있다는 아이의 입장을 왜 생각하지 않습니까? 핵심은, 지금 그렇지 않아도 다른 여러 골치 아픈 일 때문에 '내가 힘들어 죽겠는데, 너까지 사고를 치느냐?'는 겁니다. 사실은 자기의 힘든 상황을 아이에게 쏟아붓고 있는 것입니다. 한강에서 뺨 맞고 종로에서 화풀이하는 격이지요. 아이는 영문도 모른 채 얻어맞고서도 자기 스스로를 책망합니다. 아직 어리기 때문에 그렇습니다. 그러나 좀 더 나이를 먹고 머리가 커져서 청소년기가 되면, 이런 식으로 반응합니다. "미친 ×, 왜 나한테 지랄이야." 물론 부모 뒷전에서 하는 소리겠지요.

아이에게 "다음에는 좀 더 잘할 수 있을 거야."라고 격려하면서 문제를 해결할 방법을 같이 모색해 보는 것이 교육입니다. 아이의 실수를 비난하고, 아이 대신 부모가 나서서 해결해 주는 것은 오히려 아이의 성장을 방해하는 것입니다. 어쩌면 무의식중에 부모는 내심으로 아이의 실수와 실패를 반기고 있는지도 모릅니다. 아이의 실패를 계기로 아이에게 대신해 주기(과잉보호)를 제공하면서, '내가 없으면 우리 애는 안 돼.'라고 자기만족을 누리고 있는 것인지도 모릅니다. 부모 자신의 존재 가치와 이유를 무능한(?) 아이에 대한 서비스에서 확보하려 하는 것입니다. 그래서 아이의 독립적 성장을 무의식적으로 방해하며, 아이에게는 꼭 자신이 있어야 한다는 점을 재확인시키려 할 수도 있습니다. 물론 부모 자신은 전혀 의식하지도 못하면서 말입니다.

점수 따기 때문에 잃는 것들

모든 아이가 점수 따기에서 1등을 할 수는 없다. 그럼에도 불구하고 우리는 어리석게도 모든 아이가(내 아이는) 점수 따기에서 1등해야 한다(지금보다 좀 더 잘해야 한다)고 외치고 있다. 그리고 모든 부모는 그 주술에 광신도처럼 올인하고 있다. 그럼으로써 부모가 아이에게 주어야 할 진짜 소중한 것들을 놓쳐 버린다. 유쾌한 가정이 주는 평안함, 가족 서로에 대한 신뢰감,

주어진 것을 즐길 줄 아는 능력, 스스로 삶을 계획하고 도전할 줄 아는 능력, 실패를 통해 성숙할 줄 아는 능력, 무엇보다도 중요한 부모와 자식 간의 친밀한 애착 관계 형성 등이다.

어릴 때부터 부모로부터 "너는 맨날 하는 게 그 모양이냐, 누굴 닮아서 저럴까?"라는 투의 말을 많이 들어서 자신도 모르는 사이에 부정적인 암시에 길들여진 아이들은, 삶에 대한 자신감을 잃고 모든 것에 부정적인 사고방식을 갖게 되어, 스스로 성장의 가능성을 포기해 버리는 불행한 인간이 되고 만다.

그러나 어릴 때부터 부모로부터 "그래 하면 된다. 한 번 해 봐라. 너는 이걸 참 잘하는 구나."라는 투의 긍정적인 암시를 많이 받고 자란 아이들은, 삶에 대한 자신감을 갖고 모든 것에 긍정적인 사고방식을 갖게 되어, 자신의 성장 가능성을 지속적으로 키워 나갈 수 있는 행복한 인간이 된다.

아이가 평생을 제대로 살 수 있도록 해 주기 위해서 필요한 것은 자신과 사람과 일과 세상을 다룰 줄 아는 능력이다. 따라서 나중에 어른이 되었을 때 사람과 일을 잘 다룰 줄 아는 능력을 갖춘 사람이 될 수 있도록, 어려서부터 아이를 준비시키는 것이야말로 부모가 올인해야 할 교육이다. 그게 바로 아이가 행복해질 수 있는 진짜 능력을 키워 주는 일이다. 그리고 그러한 능력의 훈련은 '점수 따기'에서가 아니라, 부모와 자녀 사이의 행복한 대인관계에서부터 얻어지는 것이다.

부모와 아이의 행복을 위해 중요한 것은 점수가 아닙니다. 진짜로 중요한 것은 자신과 삶에 대한 자세입니다. 아이가 갖게 되는 자기 자신과 자기 삶에 대한 자세는, 부모가 아이를 어떻게 대하고 있느냐에 따라 결정된다고 해도 과언이 아닙니다. 따라서 아이의 행복에 결정적 영향을 주는 것은, 아이를 향한 부모의 긍정적 이미지라고 할 수 있습니다. 부모가 아이에 대해 갖고 있는 긍정적 이미지는 아이로 하여금 긍정적 자아상(자존감)을 형성할 수 있게 해 줍니다. 아이로 하여금 자기 자신과 자신의 삶에 대한 긍정적 기대와 느낌을 품을 수 있게 해 준다는 말입니다.

인간에게 있어서 진짜로 중요한 능력은 삶에 대한 태도에 있습니다. 삶에 대한 태도를 가르치는 것이야말로, 아이가 부모 없이도 평생을 잘살아 갈 수 있는 근본적 능력을 키워 주는 진짜 교육입니다. 점수 따기는 학교 다니는 시절 잠깐 일시적으로 부분적으로 필요한 것입니다. 오로지 그 점수만이 아이의 일생을 행복하게 만들어 줄 것이라는 주술에 절대로 속지 말아야 합니다. 부모의 강력한 압력 때문에 어찌어찌해서 점수는 땄는데, 아이는 삶 자체를 힘들어 하고 자신에 대해서도 부정적인 느낌을 갖고 있다면, 그 아이의 삶은 행복하기 힘듭니다. 아이의 '삶을 살아 내는 능력'은 더 이상 자라지 않을 가능성이 높습니다.

문제는 의식입니다. 부모가 아이의 점수를 가지고 아이와 씨름할 때마다, 아이는 부모의 기대치에 이르지 못하는 점수 때문에 자신에 대해 부정적인 이미지를 만들게 됩니다. 기대치에 못 미치는 점수에 대한 부모의 부정적 이미지가 아이에게로 그대로 옮아갑니다. 아이가 '나는 안 돼. 나는 공부가 싫다.'라고 스스로를 단정 짓고 지속적으로 되새김질하고 있는 상황에서(자기 암시와 세뇌), 도대체 무얼 기대할 수 있을까요? 아이가 하는 말 그대로 되어 버리는 것입니다. 점수만 그렇게 되는 것이 아니라, 아이의 삶 자체가 그렇게 된다는 게 더 큰 문제입니다. 그런 심리적 상태를 만들어 주는 부모의 태도(점수 집착)를 먼저 해결하지 않는 한, '공부 못하는 아이(부모의 기대치에 미달하는 아이)'라는 틀 속에서 아이는 절대로 빠져나올 수가 없습니다. '나는 안 돼.'라는 자신의 한계를 만들어 놓고 뛰어넘기를 거부하고 있는 아이에게는 백약이 무효일 수밖에 없습니다.

"나는 안 돼."라는 말만 하는 사람은 안 될 수밖에 없습니다. 어차피 인간의 삶은 선택의 연속입니다. 따라서 가급적 자신에게 유익한 것을 선택하여 삶을 보다 좋게 만들어 가야 합니다. '나는 안 돼.'라는 부정적 암시에 길들여진 사람에게 과연 보다 나은 선택을 위한 고민과 노력이 얼마나 있을 수 있겠습니까? 도전하고 새롭게 만들어 보려 하기보다는 있는 그대로 내버려 둔 채, 자신의 신세를 한탄하거나, 다른 사람 탓을 하거나, 어떤 이유를 들어 가면서 자신의 처지를 변명하려는 태도를 갖게 되기 쉽습니다. 그리고는 외칩니다. "안 되는 걸 어떻게 하냐고. 어쩌라구, 왜 나만 갖고 야단이야."

자신과 일과 세상을 긍정적으로 다룰 줄 아는 능력이야말로 평생을 감당해 줄 진짜 실력입니다. 그것은 '점수 따기'가 아니라, '부모와의 관계'로부터 배우는 것입니다. 부모가 아이를 긍정적으로 대하고 "할 수 있어, 그래 열심히 해 보자."라고 격려하는 분위기에서 아이는 자신에 대한 긍정적 이미지를 형성하게 됩니다. 삶을 긍정적인 마음으로 대하고 해결책을 찾아보려 하게 됩니다. 자기 자신에 대해서도, 실수하고 잘못할 때도 있지만, 좀 더 노력하면 개선할 수 있다는 긍정적인 마음을 갖게 됩니다. 꼭 그것이 아니더라도 다른 분야에서 잘할 수 있다는 여유와 관대함을 갖고서 자신에게 좀 더 많은 기회와 가능성을 줄 수 있게 됩니다.

아이의 점수를 가지고 비교하려 애쓰지 말고 그냥 주어진 일(공부나 시험)을 즐겁게 처리하고, "일(공부)하는 게 행복해."라고 말할 수 있는 아이가 되도록 부모가 먼저 처신해야 합니다. 부모의 태도가 아이에게 영향을 주기 때문입니다. 부모가 일과 삶에 대해 어떻게 느끼고 있는가를 보면서 아이는 부모를 닮아 갑니다. 부모가 세상을 살 만한 곳이라고 여기면 아이도 그렇게 배웁니다. 결과(승진, 돈, 점수)와는 상관없이 일(공부)하는 것 자체를 즐거워할 줄 아는 부모가, 점수와 상관없이 공부하는 것 자체를 즐거워하는 아이를 만들고, 승진과 돈과 점수를 위해 마지못해 일(공부)하는 부모는, 점수를 위해 마지못해 공부하는 아이를 만듭니다.

아이들이 행복한 삶을 살기 위해서 필요한 것은 점수 외에도 많이 있습니다. 유머 능력, 말(표현)하는 능력, 듣는 능력, 감정적 공감 능력, 타인에 대한 배려 능력, 도덕적 성찰력, 사태 파악 능력, 꾸중과 멸시를 견디는 능력, 스트레스 처리 능력, 운동(건강) 능력 등등 아이가 행복한 삶을 위해서 배워야 할 것들이 여기저기 널려 있는데, 그저 맨날 점수만을 붙들고 아이와 씨름하면서 아이에게 '나는 안 돼.' '공부가 지겨워.' '사는 게 힘들어.'라는 부정적 이미지를 만들도록 강요할 이유가 있을까요?

아이에 대한 부모의 생각을 바꾸십시오. 그래야 아이의 생각이 바뀝니다. 점수 말고도 아이가 배울 수 있는 것이 세상에 널려 있습니다. 부모 스스로 아이를 보면서 '할 수 있어.'라고 자꾸만 되새기게 하십시오. 하루아침에 의식이 바뀔 수는 없을 것입니다. 하지만 한 걸음씩이 결국 태산에 오르게 한다는 사실을 기억해 보십시오. 충분히 할 수 있는 일입니다. 시간과 노력을 들이기만 한다면 수년 동안 왜곡되어 온 아이의 마음을 바꿀 수 있습니다. 부모의 마음이 바뀌면 아이의 마음도 바뀝니다.

☞ 내가 아이를 위해 해 준 것은 무엇입니까?

앞으로 해 줄 수 있는 것은 무엇입니까?

_____

_____

_____

　　혹시 아이를 공부시키기 위해서(점수를 올리기 위해서) 부모로서 돈을 투자하고 희생했던 일들이 너무도 선명하게 떠오릅니까? 부모가 해 준 그 일들에 대해서 아이는 당연히 깊이 감사해야 하고 자식으로서 조금이라도 보응하려면 뭔가 성의를 보여야 할 것 아니냐는 생각이 들 수도 있습니다. 그런데 과연 아이는 그 희생에 대해 감사하고 있던가요? 아이는 당연히 그 희생에 대해 감사해야만 마땅한 것일까요? 만일 아이가 "누가 해 달랬어? 엄마 아빠가 원해서 한 거잖아. 나도 그걸 따라 주느라고 얼마나 힘들었는지 알아?"라고 반응한다면, 정말 억장이 무너지고 분노가 치밀겠지요.

　　점수를 위해서 투자한 것 말고, 아이가 진짜 너무나 좋아하고 원해서 해 주었던 일, 부모의 얼굴을 보며 아이가 너무도 감사하다는 표정으로 기뻐하며 어쩔 줄 몰라 했던 일이 혹시라도 있었는지를 떠올려 보십시오. 만일 없다면 지금이라도 아이가 진짜 좋아하고 바라는 것이 무엇인지 생각해 보고, 아이를 위해 그 일을 해 볼 생각은 없으신지요?

제4장

학업 지도의 왕도
"니 집 애는 공부 잘해?"

모르는 것이 무엇인지를 알아내어 공부하도록(아는 것으로 바꾸도록) 유도하는 것이 바로 시험의 기능입니다. 따라서 학교 시험을 치른 뒤에는 점수에 매달릴 것이 아닙니다. "왜 이것밖에 못 맞았어, 점수가 이게 뭐니?"라는 비난은 정말 무가치한 반응입니다. 시험지를 모아서 틀린 것 즉, 아이가 모르는 것을 수집하는 데 관심을 기울여야 합니다. 그리고 모르는 것을 반드시 공부하고 되풀이해서 복습하게 함으로써 아는 지식으로 바꾸는 지도가 뒤따라야 합니다. 모르는 것을 알았다는 사실에 대해 칭찬과 지지와 환호를 보내 준다면, 아이는 공부에 대한 즐거움을 누리게 됩니다. 이런 식으로 아이가 모르는 것을 줄여 나가면 점수는 저절로 오를 수밖에 없습니다.

09 공부의 장애물

☞ 내가 바라는 것은 변함없는 사랑이지, 제사가 아니다. 불살라 바치는 제사보다는 너희가 나 하나님을 알기를 더 바란다. (호6:6)

제사가 싫은 이유는 그 제사의 동기가 마음에 들지 않기 때문이다. 제사를 거창하게 드렸다는 결과를 가지고 남들에게 자랑하고, 그 보상으로 남보다 더 복을 받고 싶다는 인간의 욕망이 제사의 동기가 되어 버렸기에 하나님은 인간들이 열심히 드리는 제사를 지겹게 여기셨다. 자기 욕망의 충족이라는 동기에는 사랑이 없기 때문이다. 아이들이 공부가 싫은 이유도 공부의 동기에 문제가 있기 때문이다. 공부는 모르는 것을 찾아서 알아 가는 과정이다. 모르는 것을 알아 가는 즐거움과 알아 가는 것 자체에 대한 사랑이 중요하다. 공부는 시험을 통해 드러난 결과, 즉 몇 개 맞추었느냐는 점수를 가지고 평가해서 상이나 벌을 주기 위한 것이 아니다. 공부해서 상을 받았느냐 벌을 받았느냐보다는 공부하는 자체를 사랑하고 즐거워하는 것이 훨씬 중요하다. 공부는 재미있는 것이다. 모든 생명체가 배우는 것을 즐거워한다. 그런데 인간만이, 시험이라는 제도 때문에 배움의 즐거움을 송두리째 빼앗겨 버렸다. 공부의 동기가 시험에서 점수를 더 잘 받기 위한 것이라면, 그런 공부는 모두에게 스트레스요 불행이 될 수밖에 없다. 공부의 동기가 알아 가는 즐거움이라면, 공부는 당연히 모두에게 행복이 될 수밖에 없다.

☞ 우리 아이의 성적, 그 원인은　　　_____

부(모)를 닮았기 때문이다.　　　　　　　　　_____
친구를 잘못 사귀었기 때문이다.　　　　　　 _____
부(모)의 아이에 대한 짜증(구박) 때문이다.　_____
부(모)의 기대치 때문이다.　　　　　　　　　_____
본인이 게으르기 때문이다.　　　　　　　　　_____
어려서 너무 놀게 했기 때문이다.　　　　　　_____
부(모)의 철저한 학업 계획 때문이다.　　　　 _____
부(모)의 경제적 환경 때문이다.　　　　　　　_____
좋은 학원(사교육)에 다닌 때문이다.　　　　　_____
아이가 본래 공부를 좋아하기 때문이다.　　　_____
부(모)의 무관심 때문이다.　　　　　　　　　_____
가정불화 때문이다.　　　　　　　　　　　　　_____
부(모)의 기도 때문이다.　　　　　　　　　　 _____
부(모)의 잔소리 때문이다.　　　　　　　　　 _____
다니는 학교 때문이다.　　　　　　　　　　　 _____

공부를 위해서 부모들은 아이들을 좋은 학군으로 전학시킵니다. 보다 좋은 학교라고 세간에 알려진 곳에 아이를 집어넣기 위해 애를 씁니다. 뿐만 아니라 잘 가르친다고 소문난 지역의 학원을 찾아서 먼 거리를 이동하는 어려움을 감수하면서까지 아이들을 학원에 보내기도 합니다. 과연 학교를 옮긴다고, 이름 있다는 학원을 찾아 간다고 아이의 성적이 오를까요? 아니면 아이가 공부하는 시간을 더 늘리기 위해 감시와 통제를 강화하면, 그래서 아이가 책상에 붙어 있는 시간이 더 늘어나면 그만큼 아이의 성적이 더 오를까요? 부모들은 그런 로망(?)을 꿈꿉니다. 그렇게만 하면 기대하는 만큼 좋은 결과를 얻을 수 있을 것이라 생각합니다. 하지만 현실적으로 나타나는 결과가 부모들의 기대와 일치하는 것은 아닙니다. 성적 좋은 애들이 모인 것에 비해서 소위 명문고라는 곳들이 내는 성적은 효율성면에서 문제가 있습니다. 단순히 산출량(명문대 합격생 수)만 비교하면 대단해 보이지만, 투입량(명문대 갈 수 있는 입학생 수)에 비교해서 산출량을 따져 보면 오히려 3년 동안 밑지는 장사를 하고 있다는 얘기입니다. 어차피 딴 학교 있었어도 명문대 갈 아이들을 데려다가 상당수의 경우는 명문대를 못 들어가는 결과를 초래하고 말기 때문입니다. 딴 학교에 있었으면 명문대 못 갈 아이가 그 학교에 가는 바람에 상향 조정되는 것이 아니라, 오히려 딴 학교에 있었으면 명문대 갈 아이가 그 학교에 가는 바람에 하향 조정되는 것입니다.

　우리가 일반적으로 어떤 일의 결과를 설명하기 위해 내세우는 원인들을 보면 대개 다음과 같은 네 가지 유형으로 나타납니다.
　① 노력을 제대로 하지 않아서
　② 내 능력이 부족해서
　③ 이번에는 운이 정말 없어서
　④ 내게 너무 어려운 과제여서
　첫째와 둘째 반응은 원인을 내게서 찾고 있는 반면, 셋째와 넷째 반응은 원인을 외부에서 찾고 있습니다. 외부의 원인 때문에 생긴 결과라면 내가 해결할 수 있는 방법이 별로 없습니다. 외부 여건이 좋아지기를 기다리는 게 최선의 해결책입니다. 만일 외부 여건이 나아지지 않는다면 나로서는 어쩔 도리가 없습니다. 둘째 반응은 내 능력 때문이라고 했으니 이것 역시 해결 방법이 쉽지 않습니다. 타고나지 않은 능력을 새로이 갖춘다는 것이 쉽지 않기 때문입니다. 반면에 첫째 반응은 쉽게 해결책을 찾을 수 있습니다. 노력이라는 것은 본인이 얼마든지 통제 가능한 사항이기 때문입니다.

아이가 공부를 못하는 원인이 무엇일까요? 부모들이 가장 궁금해 하는 것입니다. 교사와 상담 중에 부모들이 흔히 하는 말 중에 '우리 애가 머리는 좋은데 공부를 안 해서'라는 변명(?)이 있습니다. 맞는 얘기입니다. 노력을 안 하면 어렵습니다. 공부는 단순히 머리의 문제만은 아닙니다. 그보다는 노력이 더 중요합니다. 그렇다고 노력(하는 척)한다고 해서 다 되는 것도 아닙니다. 엄청 시간을 투자해서 애는 쓰는 거 같은데, 성적은 여전히 제걸음인 아이들도 많이 있습니다. 자기가 노력한 만큼 성과를 얻기 위해서는 공부에 대한 동기와 요령과 습관의 문제를 제대로 다루어 주어야 합니다.

그중에서도 가장 중요한 것이 바로 공부에 대한 동기입니다. 어떤 동기를 갖고 있느냐에 따라 공부가 재미있어지기도 하고 공부가 끔찍해지기도 합니다. 장기적으로 아이가 공부를 통해 도달할 수 있는 성취 정도는 공부에 대한 자발적 동기 즉 재미와 밀접하게 연관이 있습니다. 대번 '공부가 재미있을 수 있나?'라는 의문이 들 것입니다. 그렇습니다. 공부는 재미있습니다. 무언가를 배우는 것은 정말 신나는 일입니다. 아이들의 성장 자체가 새로운 것을 배워 가는 과정입니다. 정말 지금까지 살아오면서 배우는 것이 즐거웠던 기억이 전혀 없습니까?

대부분의 사람들이 공부가 재미없다고 생각하는 이유는, 공부 자체보다는 공부한 내용에 대해 시험을 보고 그렇게 해서 나온 결과물인 시험 점수에 따라 서열을 세워서 혼내고 망신 주는 것에 신물이 나서 그렇습니다. 공부 자체에 대한 혐오가 아닙니다. 배우는 것 자체가 싫은 것이 아니라, 그걸 시험 보고 서열을 매겨 망신 주고 비난하는 게 싫은 것입니다. 공부는 재미있습니다. 모르는 것을 알아 가는 재미가 있습니다. 알아낸 것을 써먹는 재미가 있습니다. 자발적 동기에서 시작된 공부는 정말 재미가 있습니다.

그런데 부모들은 아이의 공부에 대한 동기를 찾아서 키워 줄 방법을 찾기보다는, 그저 무작정 점수를 올릴 수 있는 방법에 대한 궁리에만 목을 맵니다. 그러다 보니 아이의 성적 즉 점수에 초점을 맞추고 아주 민감하게 반응을 보입니다. 내심으로는 '성적(점수) = 머리'라고 믿기 때문입니다. 그래서 '저게 누굴(머리) 닮아서 저 모양인가?'라는 고민에 빠지게 됩니다. 성적이 나쁘면 머리가 나쁜 것이라는 그릇된 신화에 자신을 내맡기는 것입니다. 아이의 성적을 올려야만 머리가 좋다는 사실이 입증된다고 믿기에, 그리고 머리가 좋아야만 아이의 행복도 보장되고 부모의 체면(행복)도 선다고 생각하기에 성적에 미친 듯이 집착합니다.

아이의 성적이 부모의 기대에 못 미치면 아이를 여러 가지 방법으로 잡기 시작합니다. 공부하는 즐거움은 사라지고, 시험 결과 때문에 시달리는 현실이 전개됩니다. 이런 상황이 계속되기에 아이로서는 당연히 공부가 싫어질 수밖에 없습니다. 아이가 공부한 만큼 칭찬해 주는 게 아니라, 시험을 못 본 만큼 구박만 받는 상황이 계속 되풀이되기 때문입니다. 어쩌다가 성적이 올라가면 칭찬을 받을 때도 있습니다. 그러나 그 기쁨도 잠시 다시 지금보다 더 성적을 올려야만 한다는 현실 앞에 직면하게 됩니다. 시시포스가 산에서 계속 굴러떨어지는 바위를 되풀이해서 밀고 올라가듯이 아이들은 끝없이 성적을 올려야 하는 상황에 빠져 있는 것입니다.

'나는 안 돼.'라는 거부감

머리가 깡통인 아이가 있었다. 학교에서 시험을 보면 빵점 받아 오기가 일쑤였던 아이다. 그런데 신통한 것은 이 아이가 각 방송국의 일주일간 TV 프로를 훤히 꿰고 있다는 사실이다. 그 아이가 진짜 머리가 나빠서 공부를 못했던 것일까?

사실 공부하는 데 있어 가장 큰 장애는 지능이 아니라 '나는 안 돼.'라는 정서적 거부감이다. "넌 이것도 못하냐?"는 말과 눈총을 골백번 받아 온 아이는, 공부로부터 도망가려는 본능이 아주 강할 수밖에 없다. 거기다 대고 아무리 얼르고 달래고 윽박질러 봐야 소용이 없다. 절대로 어떤 내용도 학습하려 하지 않는다.

어린 아이는 부모의 인식을 반영하는 거울이다. 부모가 아이를 향해 '너는 애가 왜 그 모양이냐?'는 식으로 무시하고 멸시하는 태도를 보이면, 아이는 자신이 바보고 멍청이라는 부모의 인식을 그대로 수용한다.

부모가 공부를 못한다고 구박하는 만큼 아이는 공부를 못하게 된다. 어쩌면 아이에 대한 구박을 통해 부모는 자신의 자존감을 유지하고 있는지도 모른다. 이를 본능적으로 느끼는 아이는, 부모의 자존감을 지켜 주기 위해 망가지는 쪽을 택하는 것인지도 모른다.

따라서 이런 아이에게는 무엇인가를 가르치려 하기에 앞서서 그 아이가 갖고 있는 공부에 대한 정서적 거부감을 해소해 주는 것이 필요하다. 문이 닫혀 있을 때에는 문을 여는 것이 우선순위이다. 일단은 아이에게서 '나도 할 수 있다, 그래서 하고 싶다.'는 마음의 변화를 먼저 끌어내야 한다는 말이다.

아이들의 공부에 대한 의욕을 꺾어 버리는 가장 큰 장벽은 '나는 안 돼.'라는 절망감입니다. "그것도 못하냐!"라는 부모의 외침은 아이에게 큰 상처가 됩니다. 사실 부모가 보기에 초등학생 자녀의 수준은 정말 한심하기 이를 데 없습니다.

1) 924 = 921+3   2) 4 = 1 + 3

아이가 1번 문제를 못 풉니다. 사실 어렵지요. 그래서 부모는 아이에게 2번 문제를 풀라고 했습니다. 2번을 설명해 주고 풀 수 있게 되면 당연히 1번도 풀게 되리라는 기대 때문입니다. 그런데 2번에는 답을 잘하는 애가 1번 문제에는 답을 못하는 것입니다. 정말 이상한 머리죠. 지능 수준이 의심스러워지고 부모는 열을 받습니다. "이걸 왜 몰라. '924 = 921+3'이나 '4 = 1+3'이나 결국 같은 거잖아. 앞에 92만 빼고 보라고 똑같잖아." 뻗쳐오르는 화를 참지 못해 아이를 향해 경멸에 찬 목소리를 내뱉습니다.

이것만이 아닙니다. 부모 눈에는 정말 뻔한 것인데, 아이는 멍청한 표정으로 답을 못 찾고 있는 경우가 너무도 많습니다. 부모로서는 화가 나지요. 그래서 튀어나오는 말이 "이것도 몰라!"입니다. 그 뒤로 이어지는 입에서 맴도는 단어는 '등신아!'입니다. 그 말들이 갖고 있는 판결은 아이의 마음에 깊이 새겨집니다. "나는 무능한 애야. 나는 안 된다니까. 공부가 정말 싫어." 욕먹을 게 뻔한 공부에 대해 아이는 점점 더 마음을 닫아 버립니다. 부모가 화를 내면 그 소리가 듣기 싫어 자기 귀를 닫아 버리고 딴 세계로 숨어 버립니다. 부모가 아무리 설명을 해도 그 얘기는 이미 아이의 귀에는 들리지 않는 공허한 메아리일 뿐입니다.

부모의 기대치가 과다하면 아이에 대한 평가 절하가 이어지게 되고 아이는 유능감을 상실하게 됩니다. 부모의 기대치(이 정도는 할 수 있어야 한다는 부모의 욕심)를 만족시키기 위해 하는 공부는, 아이에게서 공부하고 싶어 하는 마음(내적 동기)를 빼앗아 갑니다. 어차피 부모의 기대치는 만족되지 않습니다. 아이가 거둔 결과보다 항상 어떤 경우에든지 2%씩 높게 책정되기 때문입니다. 아이의 성적이 향상되어지면 거기에 따라 부모의 기대치도 동반 상승합니다. 이런 식의 악순환이 계속되기에 대부분의 아이들은 지칠 수밖에 없습니다. "해도 해도 끝이 없어, 산 너머 산이야." 아이들의 심정입니다.

부모의 기대치 > 아이의 결과치

이것은 거의 불변의 법칙입니다.

부모는 아이의 현재 시험 점수보다 좀 더 올려야 한다고 얘기합니다. 아이는 부모가 기대하는 시험 점수를 위해서 공부합니다. 어른들은 시험을 통해서 아이들의 서열을 매기고, 1등을 제외한 모두에게 돌 던지기를 실행합니다. 부모 입장에서는 좀 더 잘하라고 격려하고 자극을 주는 것이라지만, 그 자극이 아이들에게는 멸시와 조롱이라는 심판으로 다가옵니다. 설사 아이가 가까스로 1등 자리에 올라선다고 해서 문제가 해결되느냐 하면, 그렇지가 않습니다. 언제 밀려날지 모른다는 중압감에 시달리게 됩니다. 원래 점령하는 것보다 지키는 것이 더 어렵다고들 하지 않습니까? 시험이 존재하는 한 아이는 결코 평안할 겨를이 없습니다. 한 번이라도 밀려 나기만 하면 부모의 실망과 근심과 질책과 닦달이 아이를 말아먹습니다. 쓴 약은 몸에 좋다며, 지금 고생하면 평생 편할 수 있다며, 아이를 몰아세웁니다.

아이들에게 있어서 시험을 위한 공부는 어차피 돌 맞는 게임입니다. 그러니 시간이 지날수록 시험에 참여하고 싶은 의욕이 상실될 수밖에 없습니다. 매번 성적이 계속적으로 향상되지 않는 한 말입니다. 게다가 1등에서 꼴등까지는 아무리 발버둥을 쳐도 사라지지 않는 정해진 서열입니다. 모두가 열심히 할 수 있는 만큼 최선을 다했다고 하더라도, 다같이 1등하는 것은 절대로 있을 수 없는 일입니다. 어떤 방식으로든 변별력이라는 것을 앞세우기 때문에 결국 1명을 제외한 모두는 심판의 대상이 되는 게임입니다. 시험이 끝나고 나면 공부한 지식의 효용 가치도 함께 끝납니다. 다시 서열을 매기기 위해서는 새롭게 시험을 또 봐야 합니다. 그래서 시험이 끝나고 나면 이제까지 공부한 내용을 잊어버리게 됩니다. 다시 써먹을 일이 없고, 너무도 힘들었던 시간이었기 때문입니다. 아는 지식이 늘었다는 기쁨을 놓쳐 버리는 겁니다.

'시험 잘 보기'는 동기가 아니라, 사실은 욕심입니다. 남을 이기겠다는 승부욕입니다. 모르는 것을 알아 간다는 기쁨이 아니라, 자기 자식이 남의 자식을 이기기를 바라는 부모의 욕심이 동기인 셈입니다. 그 동기가 과연 언제까지 아이에게 설득력 있게 받아들여질 수 있을까요? 세상 모두가 서로를 이겨야만 한다면, 과연 모두가 행복할 수 있는 방법이 있을까요? 최후의 이긴 자 한 명 외에는 모두가 불행해지는 게임-시험-에 참여하고 싶을까요? 아이들은 시험으로부터 도망가고 싶어서 공부를 싫어하고 외면하게 됩니다. "나 공부 못해, 노느라 공부 안 했어, 그러니까 시험 점수 가지고 나를 닦달하지 말라구 제발." 아이들은 공부를 안 함으로써 시험으로부터 자기를 보호하는 길을 선택합니다.

기대치 낮추기

점수가 기대치만큼 나오지 않으면 부모는 부모대로 아이는 아이대로 실망과 낙심에 젖어든다. 이런 부모의 감정은 그대로 아이에게 삶의 의욕을 상실시키는 쥐약으로 작용한다. 아이에 대한 부모의 실망은 아이의 자존감과 유능감(일을 잘할 수 있다는 자신감)에 심각한 영향을 미친다.

점수를 보면서 '아니야, 그럴 리가 없어.'라고 아무리 되새김질해 봐야 소용없는 일이다. 그저 마음만 무겁고 아이를 향한 감정만 나빠질 뿐이다. 그러니 가급적 빨리(당장) 아이의 현재 실력을 수긍하고 받아들이는 게 최선이다.

40점짜리를 보면서 "반타작도 못하냐, 70점짜리를 보면 80점도 못하냐?"라고 탓하는 게 부모의 욕심이다. 그런 욕심에 매여 있는 한 아이에게 공부를 향한 긍정적 의욕을 심어 주는데 부모는 무능할 수밖에 없다. 그저 아이를 향해서 부모 자신의 감정풀이나 할 뿐이다.

이제 마음을 비우고 기대치를 낮추자. 아이의 현 수준을 기쁘게 받아들이자. 60점 맞으면, "우와 반타작은 넘어섰네. 그래 계속 열심히 하자." 50점 맞으면, "그래도 반은 건졌구나, 그 정도 성적이라도 받았으니 얼마나 다행인가." 아이가 받아 온 점수에 낙심하느라 아이가 하고자 하는 의욕을 깎아 먹어 버리는 잘못을 범해서는 곤란하다.

오늘날 우리의 마음을 사로잡고 있는 열망은 "더 빨리, 더 높이, 더 많이"라는 구호로 요약될 수 있을 듯합니다. 행복이나 발전이라는 것을 물질적 양으로만 이해하려는 경향이 아주 강한 시대입니다. 더 빨리 승진할수록, 더 높은 점수를 받을수록, 더 많이 돈을 모을수록 인생의 가치와 행복이 비례해서 커질 것이라는 물량주의적 진보 신앙에 대한 맹목적 헌신에 사로잡혀 있습니다. 자본주의 사회가 숭상하는 효율성이라는 게 결국은 "더 많이 벌자."라는 양적 팽창을 의미하기 때문입니다.

그러다 보니 아이를 바라볼 때도 역시나 성적이라는 양적 가치에만 매달려 올인하게 되고, 인생의 행복을 말할 때면 고민할 필요도 없이 돈이라는 양적 가치에 온 맘으로 매달리게 됩니다.

아이의 성적(점수) = 머리(아이큐) = 성공 = 돈 = 행복

이것이 우리의 마음을 얽어매고 있는 고정 관념이요, 신앙입니다. 그래서 부모는 끊임없이 아이의 성적을 향해 '더 높이'를 외칩니다. 그러다 보니 부모의 기대치는 항상 아이의 현재 점수보다 높게 책정되게 마련입니다. 더 높은 점수라는 환상에 목숨을 걸고 부모는 아이를 바꾸기 위해 전력투구합니다. 그런데 문제는 아이의 점수가 아무리 높아져도 부모의 기대치는 결코 만족할 줄 모른다는 겁니다. 그래서 계속 '더 높이, 더 높이'만을 외쳐 댑니다. 아이가 어떤 점수를 내든 부모의 외침은 변함이 없습니다.

하지만 아이의 현재 점수는 좀처럼 부모의 기대와 욕망대로 더 높아지지를 않습니다. 돈과 시간과 관심을 쏟아부어 보지만 역부족입니다. 자기 인생 전부를 걸고 덤볐는데 생각만큼 결과가 좋지 않으면 얼마나 낙심이 되겠습니까? 이러다간 아이의 앞길에 도무지 희망이 없을 것 같습니다. 부모로서 도대체 어찌해야 할지를 모르겠습니다. 결국 부모는 아이를 향해 실망과 탄식을 내뱉게 되고, 그로 인해서 아이와 부모와 온 가족이 함께 불행하게 됩니다. 아이의 성적이 삶의 과업이 되기 전에는 그렇지 않았는데 말입니다.

옛말에 따르면 소인은 과오나 잘못의 원인을 모두 남에게서 찾는데, 군자는 모든 것을 자신에게서 찾는다고 합니다. 부모의 불행은 아이의 성적 탓이 아닙니다. 아이의 성적에 자신의 인생(부모는 '아이의 인생을 위해'라고 말하겠지만)을 건 부모에게 있습니다. 성적은 아이의 것입니다. 그럼에도 불구하고 부모는 마치 그것이 자기의 것처럼 여깁니다. 성적 때문에 아이가 불행해질 것이라고 부모 스스로 심리적인 추측을 하고 단정을 했기 때문에, 아이의

성적 부진이 개선되지 않음에 대해 부모 스스로 절망하게 됩니다.

남을 내가 바꿀 수는 없습니다. 환경 역시 마찬가지입니다. 하지만 나는 내가 바꿀 수 있습니다. 내가 하고 있는 생각이나 태도나 대응 방식을 수정함으로써 현재의 상황을 좀 더 좋아지게 할 수는 있다는 얘기입니다. 아이 때문에 죽겠다구요? 아이는 바꿀 수 없습니다. 하지만 아이에 대한 나의 태도는 바꿀 수 있습니다. 아이의 성적은 바꿀 수 없습니다. 그러나 아이의 성적 때문에 죽겠다는 나의 판단은 바꿀 수 있습니다. 아이가 공부를 (부모의 기대만큼) 안 해서 미치겠다는 나의 판단은 바꿀 수 있습니다. 아이가 공부를 안 한다고 부모가 꼭 미쳐야 할 이유가 있습니까?

지금 부모의 기대에 부응할 만한 성적을 내지 못하는 아이의 미래는 암울할 것이라는 부모의 판단은 그야말로 부모의 주관적 환상입니다. 지금 아이가 부모의 요구대로 좀 더 공부를 해서 성적을 올리면 아이의 미래가 보장될 것이라는 부모의 기대 역시 부모의 혼미한 의식이 만들어 낸 신기루일 뿐입니다. 아이의 미래를 결정하는 것은 부모에게 속한 영역이 아니라, 전적으로 하나님께 속한 영역입니다. 부모가 성적을 가지고 아이의 미래를 결론 내리는 것은 너무도 지나친 과욕입니다. 자기가 아이의 미래를 좌지우지하는 하나님이 되고 싶어서 먹지 말라는 선악과를 따먹고 있는 것입니다.

☞ 부(모)의 성적표

경제적 능력　　　　　　　　　　　　　　_____ 점
마음 씀씀이　　　　　　　　　　　　　　_____ 점

자녀에 대한 관심　　　　　　　　　　＿＿＿＿＿ 점

사회적 지위(자랑할 만한 정도)　　　＿＿＿＿＿ 점

친밀감 드러내기　　　　　　　　　　＿＿＿＿＿ 점

가족의 화목　　　　　　　　　　　　＿＿＿＿＿ 점

자녀 욕구 충족에 대한 기여도　　　　＿＿＿＿＿ 점

생활에서의 성실성　　　　　　　　　＿＿＿＿＿ 점

약속 지키기　　　　　　　　　　　　＿＿＿＿＿ 점

반 등수를 매긴다면 반 부모들 중에　＿＿＿＿＿ 등

　부모 스스로가 한 번 점수를 매겨 보십시오. 그 다음에 아이가 점수를 매겨 보도록 해 보십시오. 그 둘 사이에 어떤 차이가 있는지 비교해 본다면 우리는 많은 생각을 하게 될 것입니다. 나는 나름 우등생 부모라고 생각하고 있었는데, 어쩌면 열등생 부모로 아이는 생각하고 있을 수도 있습니다. 나는 별로 해 준 게 없어서 아이에게 미안한데, 의외로 아이가 최고의 부모라고 우등생 등수를 매겨 줄 수도 있습니다.

　☞ 부모 스스로가 매긴 부모의 등수와 아이의 반 등수를 비교해 보면서 떠오르는 생각과 느낌을 적어 보시오

───────────────────────────────

_____

_____

　　과연 아이가 자기 부모의 점수를 매기고 전국 1등부터 꼴등까지 서열을 나눈 다음 부모에게 좀 더 등수를 올리라고 다그치는 일이 매일 반복된다면 부모의 인생은 행복해질 수 있을까요? 아이들이 요구하는 만큼 부모로서의 등수를 올리려고 기를 쓰면서 말입니다.

　　☞ 아이가 부모에 대해 매긴 점수를 부모 스스로가 매긴 점수와 비교하면서 떠오르는 생각과 느낌을 적어 보시오.

_____

_____

_____

　　부모와 자녀가 서로를 대함에 있어서 상대방의 점수를 매기고 비교함으로써 관계의 방식을 달리한다는 것이 과연 현명한 처사일까요? 아이의 등수, 부모의 등수와 상관없이 서로를 향한 애정과 신뢰가 늘 충만한 것이야말로 진정 행복을 누릴 수 있는 길이 아닐까 하는 생각을 해 봅니다.

말이 아니라 행동이다

아이는 부모를 모방하면서 배운다. 아이에게 있어서 부모라는 모델이 끼치는 영향은 절대적이다. 똑같이 따라하든 정반대로 행동하든 아이는 부모의 영향을 받고 있는 것이다. 부모는 아이의 행동을 바꾸기 위해 지속적으로 잔소리를 해 댄다. 이렇게 자꾸 얘기하면 좀 들어먹지 않을까 하는 기대 때문이다. 하지만 아이는 영 딴판이다. 들은 척도 안 한다. 그래서 부모는 미칠 지경이다.

아이가 영향을 받는 것은 부모의 말이 아니라 행동이다. 즉, 아이들은 부모의 말을 듣고 배우는 것이 아니라 부모의 행동을 보고 배운다. 부모의 말이 아이를 만드는 게 아니라, 부모의 행동이 아이를 만든다는 것이다. 입으로는 책 좀 읽으라고 하면서 TV 시청에 몰두하고 있는 엄마의 태도는 아이에게 엄마의 말에 대한 신빙성을 감소시킨다. 아이는 엄마의 말보다는 행동에 더 쉽게 동의할 수밖에 없다.

아이들이 부모에게서 가장 많이 듣는 소리는 "공부하라."는 멘트입니다. 아이가 가장 많이 보는 부모의 모습은 공부 안 하는 부모의 모습입니다. 공부는 습관입니다. 습관은 남이 하는 것을 보고 배우는 것입니다. 아이들은 부모의 말을 통해서 배우는 것이 아니라, 부모의 행동을 보고 배웁니다. 아이들은 부모의 행동을 모방함으로써 자신의 행동 방식을 습득해 갑니다. 그래서 사람이 살아온 가정 환경 즉 집안의 내력을 따지는 것입니다. 그 집안의 분위기가 아이의 습관 형성에 지대한 영향을 미치기 때문입니다. 부모의 습관은 아이의 습관으로 이어집니다.

진정 아이가 공부하기를 원한다면 아이에게 공부하라고 성질내며 잔소리할 게 아니라, 부모가 즐겁게 공부하는 모습을 보여 주십시오. 가정 교육은 말이 아니라 행동으로 하는 것입니다. 아이의 공부에 대해선 신경을 좀 끄고, 부모 자신의 공부에 집중하십시오. 무엇이든지 간에 즐겁게 공부하십시오. 부모의 행동을 통해 아이들은 공부하는 습관을 배웁니다. 자기는 공부하지도 않으면서 아이를 볼 때마다 공부하라고 윽박지르는 부모의 모습은 이미 교육적 설득력을 상실하였습니다. 부모 자신이 배우는 것을 즐거워 할 때, 아이는 자기도 모르는 사이에 배우는 즐거움에 다가가게 됩니다. 아이들은 본래부터 배우는 것을 즐거워합니다.

공부는 많이 하는 게 아니다

아이들은 항상 두꺼운 책을 보면서 '이걸 언제 다 하지?'라는 물음 앞에 스스로 좌절하고 만다. 한꺼번에 그걸 다 떼어야 한다면 정말 끔찍한 일이다. 하지만 생각을 한 번 바꿔 보라. 한 페이지씩은 해 나갈 수 있지 않은가? 수백 페이지에 달하는 책을 한 번에 다 해낼 수는 없다. 어차피 할 수 없는 것을 못 한다고 안타까워할 이유는 없다. 그저 할 수 있는 것을 하면 된다. 그냥 쿨하게 한 페이지씩만 해 나가면 된다.

하루에 한 문제씩 해 나갈 수 있다는 생각이 어리석게 느껴질 수도 있다. 당장 며칠 뒤면 시험을 봐야 하는데, 한 문제씩 해서 어쩌겠냐는 논리다. 하지만 우리가 잘 아는 대로 백 개도 하나씩 모아서 되는 것이고, 만 개도 하나씩 모아서 되는 것이다. 그게 자연과 인생의 법칙이다.

한 문제가 1년이면 365문제고 10년이면 3650문제가 된다. 내가 한 만큼 내 것이 된다. 누구나 다 한 문제씩만 할 수 있을 뿐이다. 핵심은 얼마나 오래 지속할 끈기가 있느냐의 문제다.

못한 것은 못한 것대로, 한 것은 한 것대로 어차피 시험은 보게 되어 있다. 언제 다 끝내느냐는 걱정 속에 발을 동동 구르면서 공부를 안 하고 있다고 해서 시험을 안 보는 것도 아니다. 시간은 가는 것이고, 내가 공부한 만큼만 내 것이 된다.

"공부, 절대로 많이 하지 마라. 오직 꾸준히 해라."

부모의 소원은 아이가 몇 시간이고 공부하는 모습을 보는 것입니다. 그래서 부모는 어떻게든 아이를 책상에 오래 붙잡아 두려고 기를 씁니다. 반면에 아이는 그런 부모의 태도에 기겁을 합니다. 아이 생각에 자기는 이미 너무 많이 공부에 시달리고 있기 때문입니다. 하지만 부모 생각에는 아이가 너무도 많이 놀려고만 하고 있기 때문에 어떻게든 아이를 공부하도록 다잡을 필요가 있습니다. 많이(부모 입장에서는 적당히) 공부하게 할 욕심에 급급해진 부모는 자신이 아이로 하여금 공부에 질리게 하고 있다는 사실에 대해서는 무감각해집니다. 그저 아이를 어떻게든 잡아야 한다고 전전긍긍 노심초사 애를 쓰며 자기 속을 새까맣게 태워 가며 아이를 향해 싫은 소리를 쏟아냅니다.

공부를 많이 하는 것보다 더 중요한 것은 꾸준히 하는 것입니다. 그러기 위해서는 공부에 질리지 않아야 합니다. '힘들다'와 '질렸다'는 전혀 다른 결과를 가져옵니다. '힘들다'는 쉬었다 다시 할 수 있다는 의미입니다. '질렸다'는 쉬어서 기력을 회복해도 다시는 하기 싫다는 의미입니다. 공부에 질리면 공부가 싫어지게 되고 공부에 대한 의욕과 성취도 함께 추락합니다. '지금 좀 더 많이' 공부하는 게 중요한 게 아닙니다. 공부에 '질리지 않는 게' 더 중요합니다. 좀 더 시키려는 욕심을 버리면 아이가 공부에 질리는 것을 예방할 수 있습니다. 장기적으로는 그게 더 큰 유익입니다. 소실(小失) 하고 대탐(大貪) 하십시오.

공부는 많이 하는 게 아니라 꾸준히 하는 것입니다. 아무리 오랜 시간 앉아 있어도 집중하지 않으면 소용없습니다. 인간의 집중 능력에는 한계가 있다는 사실을 잊어서는 안 됩니다. 질리지 않게 조금씩 할 필요가 있습니다. 많이 하려다 질리는 것보다는 조금씩 꾸준히 하는 것이 낫습니다. 이미 아이의 집중력은 떨어졌는데, 그냥 책상에 앉아 있는 시간만을 늘리려는 욕심 때문에 아까운 시간을 낭비할 수도 있습니다. '조금만 더 하지.'보다는 '그래도 그만큼 했으니까.'라는 마음으로 다음을 기약하는 것이 더 현명한 처신입니다.

☞ 아이에게 요구하고 싶은 것은 _____

① 학원에 열심히 다녀라.
② 하루에 최소한 _____ 시간은 공부해라.
③ 하루에 수학(혹은 영어 등) _____ 문제씩 공부해라.
④ 하루에 _____ 시간 이상 놀지 말아라.
⑤ 하루에 _____ 시간 이상 컴퓨터 하지 말아라.
⑥ 학교 방과 후 야간 자율 학습을 해라.

아이의 공부 시간을 통제하려는 부모의 요구가 아이에게는 구속으로 느껴질 것입니다. 아무리 부모가 아이를 통제하려 해도 아이는 부모의 통제 아래 머물지를 않습니다. 나이를 먹어 갈수록 더해 갑니다. 어느 집에서나, 부모는 아이가 공부하는 줄 알고 있었는데, 아이는 부모 눈을 피해 딴짓을 하는 경우가 흔히 있는 일입니다. 그런 상황에서도 부모는 여전히 기를 쓰며 아이의 행동을 통제하려고만 애를 씁니다. 아이는 더욱 교묘하고 발전된 방식으로 부모의 통제를 따돌립니다. 더불어 아이의 마음은 부모의 마음으로부터 멀어져 갑니다. 부모는 두 눈으로 아이를 통제할 수 없습니다. 귀신처럼 붙어 다닐 수도 없고 더더욱 아이의 마음은 어쩔 수가 없습니다.

아이의 행동보다는 아이의 마음에 관심을 기울이는 게 맞습니다. 아이가 공부를 즐겁게 할 수 있도록 하는데 신경을 쓰는 게 아이의 공부 시간을 통제하는 것보다 훨씬 더 지혜롭고 현명한 처신입니다. 부모의 화난 목소리나 못마땅한 표정이 공부라는 단어와 연결되지 않도록 조심할 필요가 있습니다. "공부 좀 하지, 왜 안 하냐?" 감시의 눈초리를 번뜩이기보다는 "공부가 힘드니? 좀 쉬었다 할래." 지지의 눈빛을 보내면 아이의 마음에 공부라는 단어는 좋은 감정으로 남아 있게 됩니다. 그런 상황이 반복되면 아이가 공부를 스스로 하게 될 확률도 점점 높아집니다.

모두들 하나같이 공부는 재미없다고 말합니다. 공부를 재미로 하는 사람이 어디 있냐고도 합니다. 정말 공부는 재미없는 것일까요? 아이들이 하는 컴퓨터 게임을 보면 어른들은 정신이 없습니다. 뭐가 어떻게 돌아가는지 알 수가 없기 때문입니다. 그런 게임을 잘하기 위해서 아이들은 열심히 게임에 대해 공부합니다. 공부해야만 게임을 더 재미있게 잘할 수 있기 때문입니다. 내가 게임을 더 잘하기 위해서, 즉 나를 위해서 게임에 대해 공부를 하는 것입니다. 마찬가지로 학교 공부도 내가 좀 더 유익한 삶을 살 수 있도록 하기 위해서 배우는 것입니다.

공부는 나를 위해서 하는 것입니다. 모르는 것을 알아 가는 재미와 깨달은 것을 삶에 써먹을 수 있는 재미가 있습니다. 공부는 인생을 좀 더 재미있게 유익하게 살려고 하는 것입니다. 세상과 인간에 대한 규칙과 지식을 배워 앎으로써 좀 더 즐겁고 신나게 삶을 살 수 있습니다. 마치 게임의 규칙과 지식을 배워 앎으로써 좀 더 재미있고 신나게 게임을 할 수 있는 것처럼 말입니다. 게임에 대한 공부가 게임의 재미를 더해 주듯이, 삶에 대한 지식을 배우는 학교 공부 역시 사는 재미를 더해 줄 수 있습니다.

점수를 잘 따기 위한 공부는 재미가 없습니다. 점수를 받는 순간 그 지식의 효용가치는 끝이 납니다. 어차피 점수를 받아 봐야 1등 말고는 모두 패배자인 상황임을 반복해서 학습하고 있는데 굳이 공부하고 싶은 마음이 들까요? "난 시험 포기했다니깐." 그것으로 공부에 대한 동기는 끝이 납니다. 시험 포기한 아이에게 공부하라고 얘기해 봐야 "왜 해야 하는데?"라는 반발만 돌아올 뿐입니다. 아이가 공부를 거부하는 것은 공부의 동기가 시험이라는 잘못된 신념 때문입니다. 그 잘못된 신념이 부모와 아이를 병들게 합니다.

공부의 동기는, 점수라는 결과가 아니라, 내가 모르는 것을 찾아 알아가는 것에서 찾아야 합니다. 그렇다면 점수가 낮은 것은 화낼 일이 아니라, 그만큼 모르는 것을 많이 찾았기에 기뻐할 일입니다. 지식을 늘릴 수 있는 기회를 얻은 것이기 때문입니다. 틀린 것을 공부해서 아는 것으로 바꾸는 일이 얼마나 의미 있는 일입니까? "왜 틀렸어?"라는 다그침을 통해서 점수를 올려 보겠다는 시도는 공부에 대한 아이의 의욕을 깎아내리는 일입니다. "틀린 걸 해결해 보자. 모르는 걸 알 게 되면 얼마나 뿌듯해지겠냐?"라는 제안은, 공부에 대한 긍정적 감정을 아이의 마음에 보탤 수 있게 해 줍니다.

비범성

나면서부터 천재는 거의 없다. 누구나 다 자기의 비범성을 발견하여 노력하면 천재가 된다. 그리고 누구나 다 비범성을 하나 정도 가지고 있다. 그게 어떤 분야인지 아직 모르고 있을 뿐이다. 대개의 경우 자기의 비범성이 무엇인지를 묻지도 않는다. 그저 점수 타령만 하면서 학창 시절을 허비한다.

영재 교육 학자들에 따르면 최소한 학생 3명 중 1명에게 영재성이 잠재되어 있다고 합니다. 어떤 학자는 모든 인간에게 다 있다고도 합니다. 그리고 이러한 영재성이 초등학교나 중학생 때 나타나는 경우는 드물고 대다수의 경우는 미발견 상태에 있다고 합니다. 교육은 그 잠재된 영재성을 발견해 주고 계발할 수 있게 도와주는 것입니다. 학교는 잘하는 아이와 못하는 아이를 구별하여 우열 순위를 정해서 걸러 내는 곳이 되어서는 안 됩니다. 아이들의 잠재성을 발견하고 계발할 수 있는 환경과 여건을 만들어 주는 곳이어야 합니다. 그렇기 때문에 학교는 시험을 통해 아이들을 서열화하려고 애쓸 것이 아니라, 시험을 통해 아이들이 잘하는 것과 부족한 것을 발견하고 도와주기 위한 노력에 집중해야 합니다. 학교는 아이들이 하고 싶은 것을 다양하게 경험할 수 있는 환경을 만들어 주고, 다양한 경험을 시도해 볼 수 있게 도와주는 곳이어야 합니다. 아이들의 재능이 발견되어질 때까지 긴 안목을 갖고 가급적 멀리 바라보면서 말입니다.

다중 지능

미국 하버드대 심리학과 하워드 가드너 교수에 따르면 인간은 IQ와 같은 한 가지 지능만을 갖고 있는 것이 아니라, 여러 종류의 지능을 가지고 있다. 그는 인간의 지능을 여덟 가지로 보았고, 이에 대한 연구 결과를 다음과 같이 정리하였다.

첫째, 모든 개개인은 이 여덟 가지 지능을 모두 가지고 있다. 여덟 가지 지능이 합해져서 독특한 방식을 가진 한 사람을 형성한다.

둘째, 모든 사람은 각각의 지능을 적절한 어떤 수준까지 개발시킬 수 있다. 만약 적절한 여건(용기, 좋은 내용, 좋은 교육)만 주어진다면, 비교적 높은 수준의 성취를 할 수도 있다

셋째, 여덟 가지 지능들은 여러 가지 복잡한 방식으로 함께 작용한다. 요리를 예로 들자면, 우선 요리법을 읽어야 하고(언어적 지능), 요리를 몇 단계로 나누고(논리-수학적 지능), 사람의 취향을 고려해야 하고(대인 관계 지능), 자신만이 잘 창출해 내는 맛을 자아내게 해야 한다(자기 이해 지능).

그리고 이후로도 지속적인 연구를 통해 인간 지능의 영역으로 새롭게 제시될 수 있는 것들로서 영성, 도덕적 감수성, 성적 관심, 유머, 직관, 창의성, 요리 능력, 후각 능력, 타 지능을 분석하는 능력 등을 제시하였다.

① 언어적 지능 - 토론 학습 시간에 두각을 나타내며, 유머나 말 잇기 게임, 낱말 맞추기 등을 잘한다. 말을 잘하는 달변가가 많으며, 같은 글을 써도 심금을 울리고, 웃음을 자아내게 한다.

② 논리 수학적 지능 - 이제까지 통상적으로 지능이라 여겨 왔던 부분이다. 논리적 과정에 대한 문제들을 보통 사람들보다 훨씬 빠른 속도로 해결하

는 능력을 갖고 있다. 숫자에 강하고, 차량 번호나 전화번호 등도 남들에 비해 잘 기억하는 경우가 많다.

③ 음악적 지능 – 소리, 리듬, 진동과 같은 음의 세계에 민감하고, 사람의 목소리와 같은 언어적인 형태의 소리뿐만 아니라 비언어적 소리에도 예민하다. 예를 들어, 발자국 소리만으로도 누가 오고 있는지를 알아내는 사람은 음악적 지능이 높다고 하겠다.

④ 신체 운동적 지능 – 생각이나 느낌을 몸동작으로 표현하는 능력이 뛰어나다. 율동을 쉽게 따라하거나 레크리에이션 등에서 하는 무용, 연극 등을 잘한다. 손재주가 있다는 말을 많이 듣는다. 자동차 운전은 물론 스케이트나 자전거를 다른 사람보다 쉽게 배워 버린다. 몸의 균형 감각과 촉각이 다른 사람들에 비해 발달되어 있다.

⑤ 시각 공간적 지능 – 건축가, 미술가, 발명가 등과 같이 3차원의 세계를 잘 변형시키는 능력이다. 밤하늘의 별을 보고 방향을 잘 찾아내며, 처음 방문한 곳도 다시 찾아간다. 아이디어들을 도표, 지도, 그림 등으로 잘 나타내고, 그림 그리기, 만들기 등을 좋아한다.

⑥ 대인 관계적 지능 – 다른 사람들의 기분, 감정, 의향, 동기 등을 인식하는 능력이 뛰어나다. 대인 관계에서 나타나는 여러 가지 다양한 힌트, 신호, 단서, 암시 등을 변별하고 효율적으로 대처한다. 친구들을 많이 사귄다. 유능한 정치인, 지도자, 또는 성직자들은 대인 관계 지능이 우수한 사람들이 많다.

⑦ 자기 성찰적 지능 – 자기 자신을 이해하고, 느낄 수 있는 인지적 능력을 말한다. 자신이 누구인가, 자신은 어떤 감정을 가졌는가, 왜 이렇게 행동하는가 등과 같은 자기 존재에 대해 이해하는 것이다. 자기 이해

지능이 높은 사람은 자기 존중감, 자기 향상, 자기가 처한 문제를 해결하기 위해 사용할 수 있는 성격이 강하다.

⑧ 자연 탐구적 지능 - 원시 사회에서는 어떤 식물이나 동물이 먹을 수 있는지를 자연 탐구 지능에 의존하여 알아냈다. 현대 사회에서는 기후 형태의 변화에 대한 감수성과 같은 것들이 자연 탐구 능력을 잘 나타내 주고 있다. 자연 친화적이고, 동물이나 식물 채집을 좋아하며, 이를 구별하고 분류하는 능력이 높다. 산에 가더라도 나뭇잎의 모양이나, 크기, 지형 등에 관심이 많다.

10 공부에서 효율 높이기

☞ 아이의 성적이 향상되지 않는다면, 그 이유는   _____

아이의 머리가 안 따라 주기 때문이다.   _____
공부할 마음이 없기 때문이다.   _____
사교육을 제대로 못 받았기 때문이다.   _____
학교가 후지기 때문이다.   _____
노느라 정신이 팔려 있기 때문이다.   _____
공부에 대한 목표 의식이 없기 때문이다.   _____
열심히 안 하기 때문이다.   _____
가정환경 때문이다.   _____
공부하는 요령을 모르기 때문이다.   _____
공교육이 잘못되어 있기 때문이다.   _____

점수가 오르지 않는 것은 시험 점수가 공부의 목표이기 때문입니다. 너무도 황당한 진단이라 여겨집니까? 점수를 목표로 열심히 노력해야 그렇게 노력한 당연한 결과로서 점수가 오르는 것 아니냐는 생각이 부모의 마음을 사로잡고 있습니다. 이런 생각 때문에, 점수를 목표로 했기에 공부 자체를 즐거워할 수 있는 능력을 아이에게서 빼앗고 말았다는 사실을 우리는 간과하게 됩니다. 점수가 왜 그렇게 안 오를까? 이 말을 좀 더 본질적 차원에서 표현하자면, '공부가 왜 그렇게 싫을까?'입니다.

어떻게 공부가 좋을 수 있냐고 싫어도 하는 것이라고 말할지 모르지만, 싫어도 하는 데에도 차이가 있습니다. 힘들어서 싫은 것과 싫어서 싫은 것은 다릅니다. 힘들면 싫지만, 하고자 하는 마음이 아주 없는 것은 아닙니다. 그 힘겨움을 감당하면서 때때로 공부를 즐길 수도 있습니다. 그러나 싫어서 싫은 상황에서는 결코 공부를 즐거워할 수가 없습니다. 즐겁지 않기에 어거지로 해 나가는 것이 너무도 고통스럽습니다. 다른 보상을 통해 그 고통을 감내하지만 효율성은 점점 더 떨어집니다. 그렇게 시간이 더 흐르다 보면 결국은 아무리 시간을 투자하고 돈을 투입해도 성적은 오르지를 않는 지경까지 갑니다. 효율성이 완전 바닥에 이른 것입니다.

공부에 대한 정서적 거부감을 해결하고 난 후에 필요한 것은 공부에 대한 요령입니다. 무턱대고 시간을 투입한다고 해서 성적이 비례해서 좋아지는 것은 아닙니다. 같은 시간을 투자해도 더 효율적으로 학습 효과를 올릴 수 있는 길이 있습니다. 공부한다는 것과 시험의 결과인 성적 사이에 존재하는 메커니즘을 잘 이해한다면 "최소 비용으로 최대 생산"이라는 너무도 익숙한 구호에 한층 더 가까이 다가갈 수가 있습니다.

왕도① 모르는 것 찾기

깨진 독 수리하기

공부하기는 "깨진 독에 물 붓기"가 아니라, "깨진 독 수리하기"이다. '성적 올리기'라는 것은 다른 말로 표현하자면, 자기가 모르고 있던 것을 찾아

내서 아는 것으로 바꾸어 간다는 의미다. 따라서 우선적으로 할 일은 무엇이 모르는 것인지를 분별해 내는 것이다.

　많은 아이들의 경우, 교사가 설명하고 풀어 주는 것을 바라보며 고개를 끄덕이고는 다 알아들었다는 듯이 넘어간다. 그러나 그런 경우 공부는 교사가 한 것이지 학생 자신이 한 것은 아니다. 자기 혼자서 해결하지 못한 것은 교사가 백 번을 풀어 주어도 자기 것이 아니다. 그것은 여전히 자기가 모르는 것에 해당된다. 즉 독의 깨진 부분이라는 말이다. 그런 부분이 꼭 시험에 나온다.

　이것을 자기 것으로 만들기 위해서는 독의 깨진 부분을 땜질하듯이, 복습이라는 방식을 통해 몇 번이고 되풀이해서 모르는 것을 학습해야 하는 것이다. 교사가 풀어 주는 것에 대한 관전이 아니라, 직접 내 손으로 풀 수 있도록 반복 학습해야 한다는 말이다. TV를 통해서 열심히 월드컵 축구 경기를 하나도 빼놓지 않고 보았다고 해서 경기장에서 축구를 잘하게 되는 것은 아니라는 사실을 잊지 말자.

　점수란 지능을 나타내는 것이 아니라, 알고 있는 지식의 양을 나타내는 것입니다. 그런 점에서 점수는 아이가 모르는 것이 무엇인지를 알려 주는 지표이기도 합니다. 만약 시험을 봐서 틀린 게 반 이상이라면 대박이라고 보시면 됩니다. 자기가 모르는 것을 반이나 건졌으니까요. 시험에서 다 맞은 애는 허탕 친 것입니다. 자기가 모르는 게 뭔지 알아내는 데 실패했기 때문입니다. 사실 그 아이는 시험을 칠 이유가 없었던 것입니다. 자기가 모르는 것 즉 틀리는 것을 찾기 위해서 시험을 보는 것이라면 시험이 스트레스를 줄 일도 없을 것입니다. 시험 때문에 공부가 고통스러울 일도 없을 것입니다.

모르는 것을 알았으면 그걸 공부해서 아는 것으로 바꾸면 됩니다. 모르는 것이 무엇인지를 알아내어 공부하도록(아는 것으로 바꾸도록) 유도하는 것이 바로 시험의 기능입니다. 따라서 학교 시험을 치른 뒤에는 점수에 매달릴 것이 아닙니다. "왜 이것밖에 못 맞았어, 점수가 이게 뭐니?"라는 비난은 정말 무가치한 반응입니다. 시험지를 모아서 틀린 것 즉, 아이가 모르는 것을 수집하는 데 관심을 기울여야 합니다. 그리고 모르는 것을 반드시 공부하고 되풀이해서 복습하게 함으로써 아는 지식으로 바꾸는 지도가 뒤따라야 합니다. 모르는 것을 알았다는 사실에 대해 칭찬과 지지와 환호를 보내 준다면, 아이는 공부에 대한 즐거움을 누리게 됩니다. 이런 식으로 아이가 모르는 것을 줄여 나가면 점수는 저절로 오를 수밖에 없습니다.

왕도② 반복하기

반복의 중요성

강한 충격이 기억 속에 각인되어 오래 남는 진짜 이유는 반복 학습 때문이다. 그 충격을 자꾸 떠올리며 수시로 재학습하기 때문에 그 충격적인 현장에 대한 기억이 망각 속으로 사라질 수가 없는 것이다. 너무도 충격적이었다며 자신도 모르게 자꾸 되풀이해서 기억해 내고 또 사람들에게 여기저기 얘기하는 행위가 바로 기억을 강화시키는 요인인 것이다. 그러한 반복 학습이 충격을 잊지 못하게 만드는 것이다.

공부도 마찬가지다. 매일 같은 것을 반복하면 암기되게끔 되어 있다. 암기가 잘되지 않는 것은 머리가 나쁘기 때문이 아니다. 문제는 끈기를 가지고 지속적으로 반복하지 못하는 개인의 태도에 있는 것이다. 그래서 공부에는 지속적인 태도, 즉 습관이 중요하다. 술에 취해 필름이 끊긴 사람이 집을 찾아오는 것은 머리가 좋기 때문이 아니라, 매일 반복해서 행한 귀가 습관 때문이라는 점을 주목할 필요가 있다.

　인간은 누구나 잊습니다. 그렇기 때문에 잊지 않고 기억을 유지하는 방법은, 잊을 만할 때 다시 보는 것입니다. 즉 반복입니다. 충격적인 사건(상처)을 못 잊는 이유는, 충격이 커서가 아니라 반복해서 떠올리기 때문입니다. 마찬가지로 모르는 것을 반복해서 되풀이해 봄으로써 아는 것으로 만들 수 있습니다. "봐도 모르겠어요."라는 말은 아직 덜 봤다는 말입니다. 오늘 보고 내일 보고 모레 보고 하다 보면 자연히 알게 됩니다. 암기하게 된다는 말입니다.
　아이를 학원 보내면 뭔가 더 나아지지 않을까 하는 기대를 하고 부모는 열심히 수업 잘하는 유명 학원을 찾습니다. 하지만 학원에서 유명한 강사의 수업을 듣는 것으로, 아이가 모르고 있는 것이 아는 것으로 바뀌지는 않습니다. 유명한 팀들의 수준 높은 월드컵 경기를 많이 관람한다고 해서 그 축구 선수들처럼 축구를 잘하게 되는 것이 아닌 것과 마찬가지입니다. 축구 경기를 많이 보다 보면 마음은 펄펄 날 것 같은데, 실제 몸은 그렇지 못합니다. 그저 남을 판단하는 말과 훈수만이 늘어날 뿐입니다. 공을 실제로 잘 차기 위해서는 본인이 직접 되풀이해서 공을 차야 합니다. 3백 번이던 3천 번이던 반복하는 게 최고의 방법입니다. 마찬가지로 자기가 틀린 것, 모르는 것을 찾아내어 반복해서 풀어 보는 과정을 통해서만이 아는 것을 늘릴 수 있습니다.

왕도③ 꾸준히 하기

꾸준히 하는 습관

공부하는 습관은 책상머리에 오래 앉아 있는 습관을 의미하는 게 아니다. "우리 애는 30분을 못 버텨요. 그러니 어디 공부가 되겠어요."

30분이든 3시간이든 시간의 길이는 문제가 되지 않는다. 문제는 집중할 수 있느냐, 그리고 반복할 수 있느냐에 있다. 30분 집중하고 쉬었다가 다시 30분 집중하고 하는 패턴을 얼마나 지속적으로 반복해서 유지해 갈 수 있느냐에 있다는 말이다.

인간의 집중력에는 한계가 있습니다. 공부 시간에 대해 '무조건 많이'를 요구하는 것은 쓸데없는 욕심입니다. '많이'가 아니라 '꾸준히' 하는 것이 중요합니다. 아무리 날밤 새며 공부해도 그게 1년간 지속되지 않으면 별 의미가 없습니다. 하지만 30분씩만 공부하더라도 그게 1년간 지속된다면 굉장한 변화를 가져올 수 있습니다. '많이'보다는 '꾸준히'가 훨씬 실속이 있다는 얘기입니다. 그보다는 '많이'와 '꾸준히'를 함께 했으면 좋겠지요? 그런 생각 때문에 '많이'에 한눈팔다가 '꾸준히'를 놓치는 경우가 허다합니다. 반면에 '꾸준히' 하다 보면 '많이'는 서서히 저절로 해결됩니다.

부모들이 아이를 학원에 보내는 이유는 공부 시간을 늘리기 위해서입니다. '집에서는 빈둥거리고 있으니 학원에라도 보내면 공부할 것이다.'라는 기대가 있기 때문입니다. 학원에 가서도 책상에 앉아 있으면서 딴생각 하고 있는 아이들이 많다는 사실에는 직면하고 싶지가 않습니다. '우리 애는 아니겠지, 그래도 뭔가 들은풍월이라도 있겠지.'라고 위로하며 넘어갑니다. 들은 풍월보다는 학원 방청객으로서 자기의 불안을 위로하는 상황에 익숙해질 수 있습니다. "그래, 나 학원 나름 열심히 다녔거든, 그래도 안 되는 걸 어떻게 해." 하루 공부 시간이라는 양에 집착하지 마십시오. 그 때문에 아이와 실갱이를 벌이다 보면, 관계만 악화되고 공부에 대한 거부감만 증가합니다. 아주 짧은 시간일지라도 즐겁게 집중해서 공부하는 습관이 중요합니다. 즐겁게 한 공부는 되풀이될수록 시간을 늘려 가게 마련입니다. 부모가 강요하지 않아도 아이가 스스로 그렇게 합니다. 그러나 강제에 의해 마지못해 늘린 공부 시간은 되풀이될수록 줄어들게 마련입니다. 겉으로는 공부하는 것 같지만, 내적으로는 딴짓을 함으로써 공부 시간이 줄어드는 효과를 가져옵니다. 그러니 짧은 시간의 공부일지라도 즐겁게 함으로써 매일 꾸준히 하는 것이 더욱 효율적인 공부 방법입니다.

부모가 아이의 공부 시간을 정하고 그 시간을 채우도록 아이에게 잔소리하고 감시하고 체크하는 부모로서의 미션(?)을 과감히 내려놓으십시오. 아이가 즐겁게 공부할 만큼의 시간을 스스로 선택하도록 부모가 양보하십시오. 아이가 하겠다고 한 만큼 공부하고 나면 – 설령 그 만큼을 못 채웠더라도 – 공부하느라 애썼다고 격려하고 지지해 주십시오. 그런 상황이 반복되면, 힘든 공부와 좋은 감정이 조건화(결부)되면서 아이는 공부 시간을 늘릴 수 있는 쪽으로 조금씩 바뀌어 갈 것입니다.

왕도④ 배운 것 가르치기

경쟁과 협동

학생들의 학업 성취도를 높이는 가장 좋은 방법은 흥미와 동기를 유발시키는 것이다. 그러나 우리의 교육은 경쟁을 선호한다. 그래서 학생들에게 평가 점수를 들이대고, 맨날 등수를 매기고 윽박지르면 학생들이 자극을 받아 열심히 공부해서 뛰어난 학업 성취도를 이룰 것이라고 믿는다.

그러나 어떤 이들은 이러한 우리의 교육 방식에 동의하지 않는다.

"경쟁은 교육에 매우 해롭다. 학교는 학생들이 경쟁하는 곳이 아니다. 학생들은 경쟁이 아니라 서로 협동하는 과정에서 더 많이 배운다. 따라서 학교 안에서 지나친 경쟁이 빚어지지 않도록 주의해야 한다."

우선 경쟁에 대한 부담은 사고력을 약화시킨다. 깊은 생각을 할 여유가 사라지기 때문이다. 그리고 다른 사람과 협동하는 능력을 키울 기회가 줄어든다. 또 경쟁에서 뒤처진 학생은 지나치게 심한 스트레스를 겪는다.

이런 스트레스는 심각한 문제다. 공부는 즐거운 일이다. 그런데 심한 스트레스를 받으면, 공부를 고통으로 여기게 된다. 물론 경쟁이 가진 순기능적인 면도 있다. 하지만 감당하기 힘든 고통으로 몰아넣는 지속적인 경쟁은 오히려 역기능적이다.

우리에게는 공부 잘하는 아이끼리 모아 놓을수록 유리하다는 암묵적인 믿음이 있습니다. 잘하는 아이들끼리 모여 서로 더 잘하기 위해 경쟁하다 보면 실력이 더욱 성장할 것이라는 믿음이지요. 그러한 기대 때문에 사회적으로는 명문 학교라는 것이 있어야 한다고 말하는 사람도 있습니다. 그런 분위기에 편승해서 부모들은 소위 명문이라고 불리는 학교에 아이 보내는 것을 선호하기도 합니다. 과연 그럴까요? 옆에 있는 인간이 모두 경쟁해서 이겨야 할 적뿐이라면, 과연 그 스트레스를 언제까지 견디어 내고 능률적인 결과를 지속적으로 낼 수 있을지 의문입니다.

예전에는 선생님들이 공부 잘하는 아이와 못하는 아이를 붙여 주고는 아이들끼리 가르쳐 주면서 함께 공부하도록 하는 경우가 있었습니다. 지금 그런 시도를 한다면 아마도 공부 잘하는 아이의 부모가 기겁을 할 것 같습니다. 우리 아이 공부 시간 빼앗긴다고 말입니다. 쓸데없이 친구 가르쳐 주느라 자기 공부할 시간을 낭비할 것이라고 믿기 때문입니다. 그래서 잘하는 아이들은 잘하는 아이들끼리 모아 놔야 한다고 주장하기도 합니다. 과연 그럴까요?

공부 잘하는 최고의 방법은 바로 가르치기라는 사실을 아는 부모들은 잘 없는 것 같습니다. 수학 교사가 고등학교 때에 수학을 잘해서 수학 교사가 되었을까요? 교사가 되어서 가르치다 보면, 내용들이 아주 잘 정리가 됩니다. 모르는 것도 깨닫게 되구요. 전체적인 흐름이 머릿속에 일목요연하게 자리를 잡습니다. 가르치면서 진짜 공부가 되는 것입니다. 왜 그런지도 모르고 풀었던 내용들이 내 말로 설명하는 과정을 통해 체계적으로 내 지식이 되어 갑니다. 수학을 가르치다 보니 수학을 잘하는 수학 교사가 되어 가는 것입니다.

"배운 것을 가르쳐라." 이것이 가장 훌륭한 공부 방법입니다. 모르는 것을 물어보는 친구가 옆에 많으면 공부가 더욱 잘되는 법입니다. 심리적으로도 플러스 효과(학습에 대한 흥미, 동료와의 연대감, 자신감)가 있고, 실제로 가르치면서 복습을 하게 되어 공부가 저절로 됩니다. 남을 가르치려면 우선 내가 논리적으로 내용을 구성해야 하기에 사고력과 암기력이 함께 상승합니다. 또한 언어 기술과 높은 사고력과 논리적인 표현력이라는 값진 결과물도 얻게 됩니다. 남을 가르치다 보면 혼자서 공부할 때까지는 알지 못했던 새 영역도 볼 수 있게 됩니다.

　게다가 친구끼리 가르치다 보면 협동적인 분위기가 조성되고, 배우는 학생이나 가르치는 학생이나 모두 스트레스가 줄어듭니다. 그래서 남을 이겨야만 한다는 강박보다는 함께 도우면서 배우는 협동이 장기적으로 지적 능력 발전에 유익한 것입니다. 보통 생각으로는 경쟁적일수록 실적이 더 높게 나온다고 생각하기 쉽습니다. 그러나 실제로는 경쟁성보다는 협동성이 더 우수한 결과를 가져옵니다. 경쟁은 남의 능력이 발휘되는 것을 막는 쪽(서로의 능력을 깎아내리는 쪽)으로 가게 되지만, 협동은 남의 능력과 내 능력을 결합함으로써 서로를 키울 수 있는 쪽으로 갑니다.

　로버트 햄리치가 일에 대한 의욕을 가지고 있는 사람들을 대상으로 경쟁성과 업적 사이의 상관관계를 연구하였습니다. 그 결과는 놀랍게도 경쟁적인 사람의 실적이 오히려 낮아지는 것으로 나타났다고 합니다. 비슷한 연구를 일에 대한 의욕이 높은 기업인과 대학생들을 대상으로 해 보았습니다. 그 결과 역시 경쟁성이 낮은 사람이 더 높은 연봉과 더 높은 성적을 받는 것으로 나타났습니다. 경쟁적인 사람에게는 다른 사람의 능력이 도움을 주는 일이 줄어듭니다. 즉 내 능력 이상으로 크지 못한다는 얘기입니다. 그러나 협동적인 사람은 내가 도움을 주고 도움을 받음으로써 내 능력 이상으로 클 수가 있습니다.

　우리 아이들이 미래의 삶을 행복하게 살기 위해서 배우고 성취해야 할 것은 학과목 점수 외에도 너무나 많습니다. 삶을 행복하게 살아가기 위해서 필요한 진짜 능력들 말입니다. 유머 감각, 남들 앞에서 말하기, 상대방의 감정 공감하기, 타인 배려하기, 도덕적 통찰 능력, 사태 파악 능력, 꾸중이나 멸시를 견디기, 삶의 재미를 즐기기, 친구 만들기 등등. 이러한 능력들은 단순히 학과목 점수가 높은 아이들끼리 모아서 경쟁시킴으로써 배울 수 있는 것이 아닙니다. 더구나 우리가 믿듯이 나이가 들면 저절로 습득되는 것들이 결코 아닙니다. 오히려 다양한 성적의 아이들이 모여서 협동해 나감으로써 서로의 장점들을 경험하면서 서서히 배워 가는 것들입니다. 이런 능력들은 성적과 상관없이 아이들에게 나타나는 것이기에 그렇습니다. 아이가 훗날 가정과 사회에서 행복하고 능력 있는 사람으로 살아가는데 필요한 것들을 서로 배울 수 있도록 하기 위해서는 협동적 분위기가 절대적으로 필요합니다.

왕도⑤ 공부는 재미있다. 세뇌하기

부모 모방하기

이 세상에서 자녀에게 가장 큰 영향을 미치는 사람은 부모다. 부모가 하는 모습을 싫어하든 좋아하든 아이는 배우게 되어 있다. 본인이 의식하든 의식하지 않든 상관없이 아이는 부모가 하는 행동과 습관을 따라가기 마련이다.

그렇다면 아이의 태도를 바꾸는 가장 좋은 방법은 바로 부모가 그것을 하는 것이다. 즐겁게 공부하는 모습을 항상 보여 주는 것이다. 꼭 공부만이 아니다. 무슨 일이든 의미 있는 일을 선택하고, 그것에 즐겁게 몰두하는 모습을 보여 줄 때, 아이는 삶에 긍정적으로 도전하는 모습을 익히게 마련이다.

부모 자신은 하기 싫어서 어쩔 수 없이 투덜대며 사는 인생을 보여 주면서 너는 그러지 말라니 그게 말이 되는가? "너는 나처럼 살지 말아라."라는 말은 "나처럼 (신세 한탄이나 하면서) 살아라."라는 강력한 메시지로 아이에게 각인된다. 아이는 부모의 말이 아니라, 행동을 통해 배운다. 끊임없는 잔소리가 무의미한 이유가 바로 여기에 있다.

　　아이들에게 '공부'라는 단어는 스트레스, 우울, 절망 등의 감정과 연결되어 있습니다. 공부란 고통이라는 암시 효과에 젖어 있는 것입니다. 이런 상황에서 공부가 될 리 만무입니다. 이러한 암시(세뇌)는 너무나 종종 부모의 잔소리를 통해서 아이에게 만들어집니다. 공부(성적)에 대해 말할 때마다 부모는 화가 나 있던가, 짜증을 내던가, 한심하다는 어조로 아이에게 잔소리를 합니다. 이런 반복되는 경험을 통해 공부와 부모의 안 좋은 감정이 조건화(결합)되어 버립니다. 종소리가 울릴 때마다 먹이를 주었더니 종소리만 듣고도 침을 흘리는 것처럼 말입니다. 공부(성적)에 대해 말할 때마다 부모의 불편한 감정을 경험한 아이는 공부라는 말을 떠올리는 순간 불행, 스트레스, 우울 등의 감정을 자연스럽게 느끼는 것입니다.

　　말은 마음을 움직이고, 몸을 움직인다고 합니다. 병이 나았다고 하루에 30번씩 선포하면서 병을 치유한 어떤 목사님의 간증을 들은 적이 있습니다. 긍정적인 말은 긍정적 감정을 만들고 몸의 세포가 긍정적이 되게 한다는 것입니다. 공부는 재미있습니다. 공부가 재미있다고 말할 수 있습니다. 말하다 보면 공부가 재미있어집니다. 우리의 마음이, 감정이, 몸이 그렇게 반응합니다. 물론 시간이 걸리겠지요. 부모가 먼저 공부를 재미있어 하면 아이도 부모를 닮아 갑니다. 공부가 재미있는 사람이 세상천지 어디에 있어? 아니요, 세상천지에 공부가 재미있는 사람은 많이 있습니다. 다만 공부가 재미없다고 잘못 조건화된, 즉 세뇌된 사람들이 더 많았을 뿐입니다.

　　우리가 아이들과 공부에 대해 얘기할 때는 즐겁게 대화할 필요가 있습니다. 비난하는 분위기에서 공부에 대해 언급하지 마십시오. 부모의 비난에 아이가 회개하고 개과천선하는 게 아니라, 공부에 대한 거부감만을 키워서 더욱 공부를 증오하게 만들고 집중력과 학습의욕을 더욱 떨어뜨릴 수 있습니다. 천둥을 무서워하는 아이에게 천둥이 칠 때마다 아이가 좋아하는 파이를 만들어 주었더니, 아이가 천둥소리를 좋아하게 되었다는 얘기가 있습니다.

왕도⑥ 자연식 먹이기

가공식품과 뇌

가공식품에 포함된 설탕과 트랜스 지방과 식품 첨가물 등은 아이들의 건강 체계를 위협할 뿐만 아니라 뇌의 활동에까지 영향을 준다. 먹는 음식이 몸의 상태뿐만 아니라 정신 활동 상태까지 관장한다는 얘기다. 최근 들어 기억력이 감퇴하고 지능 저하 현상이 나타나며 행동 장애 증상을 보이는 아이들이 증가하게 되었던 것도 아이들 식생활에 가공식품이 대중화된 때문이 아닐까?

예전에는 가난한 집 애들이 공부를 잘했는데 요즘은 부잣집 애들이 공부도 잘한다는 말도 있다. 과거에는 부잣집 애들이 과자나 치킨 등의 비싼 가공식품을 먹을 수 있었고, 가난한 집 애들은 돈이 없어서 값이 싼 옥수수나 감자나 오이 같은 것들을 간식으로 먹었다. 그런데 요즘은 그게 거꾸로 되었다. 오히려 가난한 집 애들이 저렴한 가공식품을 맘껏 사 먹을 수 있게 되었다. 반면에 부잣집 애들을 유기농이니 자연식이니 해서 가공식품으로부터 멀어졌다. 아이의 공부를 걱정하는 부모라면 한 번 진지하게 생각해 볼 일이다.

먹는 것이 인간의 건강과 밀접한 관계가 있다는 사실은 이미 오래전부터 알려진 사실입니다. 그래서 "음식이 보약이다."는 말도 있습니다. 공장에서 가공한 음식들이 넘쳐나면서부터, 그저 많이 먹는 것에만 신경 쓰다 보니 그게 도리어 병을 일으키는 상황이 되었습니다. 더 이상 고혈압, 고지혈증, 당뇨병 등의 성인병이라 불리는 것들이 성인병이 아닌 상황이 되었습니다. 아이들에게도 나타나기 시작한 겁니다. 못 먹어서 그런 게 아닙니다. 잘못 먹여서, 너무 많이 먹여서 그런 겁니다. 이제 적게 먹고, 가급적 땅에서 나는 것 그대로를 먹는 것이 육체의 건강을 지켜 준다는 사실이 새삼스레 사람들 사이에 재인식되게 되었습니다.

인간의 정신 작용이 일어나는 뇌도 육체에 속합니다. 음식이 육체에 영향을 준다면 당연히 뇌에도 영향을 줍니다. 자연 그대로의 음식을 먹고 사는 야생 동물은 신체의 건강뿐만 아니라, 정신적으로도 건강하고 똑똑해 보입니다. 그러나 필요한 영양분을 골고루 잘 배합해서 만들었다는 사료를 먹는 사육 동물은 신체의 건강뿐만 아니라, 정신적으로도 허약해 보입니다. 별로 용감하지도 총명해 보이지도 않는다는 것이지요. 그래서 사육된 동물들은 야생으로 나가면 금방 죽습니다.

이런 정황들을 참조하건데 음식이 지능에도 영향을 미칠 수 있다는 생각은 너무도 당연한 결론입니다. 정서적인 문제나 행동상의 문제가 음식과 연관이 있다는 실험 결과들이 발표되고 있습니다. 하나님이 만들어 놓은 것에다 인간들이 뭔가를 첨가하고 조작해서 만들어 낸 것들이 항상 문제입니다. 먹는 것 역시 가급적 인간의 손이 덜 탄 것, 즉 공장이라는 이윤 극대화를 목표로 대량 생산하는 방식을 거치지 않은 것으로 먹이는 것이 아이의 뇌에도 도움이 될 것입니다.

왕도⑦ 맘껏 뛰어놀기(체육 활동)

열심히 놀기

성장기에 있는 아이들은 여기저기 뛰어다니며 놀기를 좋아한다. 웃고 떠들며 뛰어다니다 보면 어느 새 아이들은 흠뻑 땀에 젖는다. 이런 아이들을 보고 부모는 '그만 놀고 공부 좀 하지. 놀기만 하다 멍청해지는 거 아냐?' 하는 우려를 할 수도 있다. 산책이나 운동은 뇌 기능을 상승시키는 데 아주 좋은 방법이다. 특히 30분 이상 지속하는 가벼운 산책과 뇌 기능의 상승 관계는 여러 실험을 통해 이미 밝혀졌다. 흔히 근육을 제2의 심장 또는 제2의 뇌라고 부른다. 근육을 움직여 주면 그 만큼 혈액 순환도 좋아지고 마음이 즐거워지며 두뇌에 산소 공급도 잘 된다. 아이들의 놀이는 신체적인 건강뿐만 아니라, 두뇌 발달에도 유익한 영향을 준다. 어릴 때 많이 놀아야 머리도 좋아진다는 얘기다. 열심히 놀아 주어야 공부도 집중해서 할 수 있다.

어렸을 때 학교 갔다 오면 가방 던져 놓고 저녁 해가 질 때까지 놀던 기억이 납니다. 엄마가 밥 먹으라고 찾아야 집에 들어올 만큼 열심히 뛰어놀았습니다. 그 때 쌓은 체력 덕분에 지금까지 건강하게 잘삽니다. 요즘은 어려서부터 영재 교육한다고 아이들을 스케줄에 맞춰서 학원을 돌리는 경우를 종종 봅니다. 덕분에 아이는 지적 수준이 높아 보이고, 또래 아이들보다도 총명해 보입니다. 부모로서는 뿌듯하겠지요. 하지만 아이는 속으로 골병듭니다. 신체적으로는 뼈와 근육을 키워야 할 나이에 노년을 바라보는 할아버지 할머니들처럼 제자리에 앉아서 공부나 하고 있으니 그 몸의 발달이 제대로 이루어지겠는가라는 얘깁니다.

　더구나 인간의 뇌도 발달 단계라는 것이 있습니다. 즉 나이에 걸맞게 정신의 영역도 커 간다는 것이지요. 뇌의 지적인 영역이 발달되어야 할 시기가 있고, 감성적인 영역이 발달되어야 할 시기가 있고, 신체적인 영역이 발달되어야 할 시기가 있고, 세상 이치가 모두 그렇지만, 다 때가 있는 법입니다. 무조건 어려서부터 지적인 훈련만 시키면 당장은 그 아이가 다른 아이들 보다 아는 게 많아서 똘똘해 보이지만, 사실은 아이의 뇌가 기형적인 성장을 하고 있는 것입니다. 나무로 하자면 줄기도 잎도 안 컸는데 꽃부터 피우려고 애쓰는 꼴입니다. 어찌어찌해서 꽃은 피울지 모르지만, 그 꽃이 과연 얼마나 오래갈까요? 더군다나 행복도 같이 피울 수 있을까요?

　공부해서 지식을 늘리는 게 중요한 게 아닙니다. 뇌가 정상적인 발달 단계를 거쳐 잘 성장하도록 하는 게 중요한 겁니다. 몸을 쓰고 뛰어다니면서 노는 것은 아이의 신체와 뇌의 발달을 도와줍니다. 자라는 시기에 발달 단계에 맞게 충분히 놀지 못하면 그것으로 인한 부작용이 육체와 뇌에 영향을 주어 평생의 짐이 될 수도 있습니다. 아직도 인간이 제대로 알지 못하는 우리 신체와 뇌의 영역이 무궁무진합니다. 그러니 함부로 아이들의 성장을 부모의 스케줄에 따라 의도적으로 만들어 가려는 섣부른 모험을 하지 않는 게 현명합니다. 하나님이 주신 대로 그 본성대로 아이들은 몸을 성장시켜 갑니다. 부모가 함부로 공부라는 이름으로 간섭하고 통제할 일이 아닙니다.

11 부모를 위한 몇 가지 교훈

관점 바꾸기

공부 많이 하기	-> 공부 즐겁게(재미있게) 하기
점수 올리기	-> 모르는 것(틀린 것) 알아 가기
안 한 만큼 추궁하기	-> 한 만큼 격려하기
경쟁 구도(이기기/죽이기)	-> 협동 구도(돕기/살리기)
개인 중심(성공)	-> 공동체 중심(행복)

① 공부 때문에 싸워서는(잔소리) 아이를 바꿀 수 없다.
 - 공부(독서)하라고 윽박지르지 말고 부모가 공부(독서)해라.

아이가 공부하지 않고 빈둥대는 모습을 보면 부모는 화가 치밉니다. "저러고 있으니 성적이 잘 나올 리가 없지." "시험이 얼마 안 남았는데, 저렇게 빈둥거리고 있다는 게 이해가 가지 않는다." 아이가 공부를 하고 있느냐, 그렇지 않느냐에 따라서 부모가 행복해지기도 하고 불행해지기도 합니다. 부모의 행복이 아이에게 의존하고 있는 것입니다.

부모는 행복해지고 싶습니다. 그래서 아이가 공부하기를 기대합니다. 공부하고 있는 아이의 모습이 부모의 마음을 편안하게 하기 때문입니다. 부모에게는 아이를 기대대로 행동하게끔 만들기 위해 뭔가 조처를 취해야 한다는 생각이 일어납니다. 하지만 아이가 싫어하며 안 하려 할 게 뻔하기에 어떤 식으로든 강제하고 싶은 욕구를 느낍니다. 그중에서 가장 쉽게 나오는 수단이 짜증스럽고 못마땅한 표정으로 아이의 행태를 비난하는 것입니다. 그 비난은 어김없이 아이에게 잔소리로 입력됩니다.

문제는 그 비난을 통해 아이의 행동을 바꿀 수 없다는 사실입니다. 아이는 부모의 잔소리에 퉁명스러운 태도를 보이고, 부모는 부모대로 마음이 편하지가 않습니다. 부모 자식 사이의 관계를 해치는 행동을 했기 때문입니다. 아이는 반발하고 문을 꽝 닫아 버리거나, 집 밖으로 나가 버릴 수도 있습니다. 설령 부모의 싫은 소리 때문에 아이가 책을 붙들고 책상에 앉아 있다고 하더라도 부모는 안심할 수가 없습니다. 아이는 공부하는 게 아니기 때문입니다. 그냥 공부하는 척해 주고 있는 것입니다. 아이의 입장에서는 자발적으로 시작한 게 아니기에 능률도 그다지 오르지 않습니다. 공부가 지겨울 뿐입니다.

아이가 공부를 하고 안 하고의 여부에 따라 부모의 마음이 행복해지거나 불행해진다면, 부모는 아이에 의해 지배당하고 있는 것입니다. 이런 상황은 부모에게도 아이에게도 불행의 연속일 뿐입니다. 아이 때문에 불행한 부모, 부모의 행복을 책임져야 하는 아이, 피차가 힘든 상황입니다. 아이의 공부 여부와 상관없이 부모가 행복할 수는 없는 것일까요? 아이의 공부는 부모의 할 일이 아니라, 아이가 할 일이라는 사실에 주목할 필요가 있습니다.

아이가 공부를 즐거워하게 만드는 가장 효율적인 방법은 잔소리가 아닙니다. 부모가 공부를 즐기는 것입니다. 아이는 부모의 말보다는 행동을 통해 배우기 때문입니다. 아이와 상관없이 부모가 공부를 즐기고 있다면 아이는 그 부모의 행동을 보고 언젠가는 따라하게 됩니다. 설령 따라하지 않는다고 해도 윽박지르거나 잔소리를 함으로써 얻을 수 있는 결과, 즉 공부하는 것처럼 속이는 아이의 위선과 공부 때문에 나빠진 아이와의 관계보다는 훨씬 더 나은 결과를 얻게 됩니다.

일단은 부모로서 아이와의 관계가 나빠지지 않았고, 더 나아가 아이와의 좋은 관계는, 부모의 기대대로 아이가 공부를 하게 될 가능성을 현저히 높여 줍니다. 자기가 사랑하는 사람의 기대에 잘 부응하고 싶어 하는 것이 인간의 공통된 심리이기 때문입니다. 사랑에 빠진 연인을 향해 "콩깍지가 쓰였다, 제 정신이 아니다."라고 말하지 않습니까?. 부모와의 관계가 좋으면 아이의 눈에도 콩깍지가 쓰여서, 제정신을 놓아 버리고 공부에 열을 내는 일이 벌어지기도 한다는 말입니다. 아이의 진정한 행복을 원하는 부모라면 그때까지 기다리고 또 기다릴 수 있습니다.

② 공부에 관해 대화할 때는 항상 기분 좋게 웃으며 해라.
 - 공부에 대해 긍정적 감정을 심어 주어라

어떤 단어를 떠올리면 그 단어와 연결되어진 이미지나 감정도 함께 떠오릅니다. 개고기라는 말에 진저리를 치는 사람에게는 개고기라는 단어에 혐오스런 이미지와 불쾌한 감정이 함께 동반되어 있습니다. 즉 무의식 속에 개고기라는 단어와 혐오라는 감정이 함께 연결되어 있는 것입니다. 그 사람에게는 개고기가 맛있느냐 여부가 전혀 의미를 갖지 못합니다. 그러니 개고기를 먹을 일이 전혀 없습니다. 아무리 설득을 해도 그의 마음을 돌리기가 어렵습니다.

공부라는 단어와 함께 연상되는 이미지가 무얼까요? 공부하면 '지겨워'

라는 단어가 무의식적으로 튀어나오는 상황에서 과연 공부를 한다는 게 얼마나 의미를 가질까요? 어거지로 시간을 때우는 것이지 결코 공부하는 것이라고 말하기 힘든 상황일 것입니다. 이미 공부라는 단어와 연결된 고통스런 감정이 있기 때문에 공부에 대한 의욕이 급격하게 떨어집니다. 삶의 에너지가 바닥을 치는 것입니다. 그런 상태에서는 아무리 공부를 해도 시간을 투자한 것에 비해 별다른 효과를 얻어 내지 못합니다.

아이와의 대화에서 공부라는 단어가 사용되어질 때, 흔히 부모의 입에서 나오는 문장은 이렇습니다.

"너 또 공부 안 하고 뭐하냐?"

"성적이 이게 뭐냐? 그러길래 미리미리 공부 좀 하라고 했잖아."

"이따위로 공부해서 대학을 갈 수 있겠냐?"

공부라는 단어가 가지고 있는 이미지는 책망과 질타와 무시와 비난 등의 상황입니다. 그렇기에 아이에게는 공부라는 단어와 함께 고통이라는 무의식적 반응이 동반되는 것입니다. 이미 이런 식으로 공부라는 단어의 상상 작용이 굳어져 있는 상황이라면, 아이에게 공부하라는 말 자체가 아이의 고통과 불행을 증가시키는 기폭제가 될 수밖에 없습니다. 부모가 기대하는 바와 아이가 느끼고 있는 바가 너무도 다른 것입니다.

"네 인생을 위해 공부하라."는 부모의 말은 네 인생을 고통과 불행 속에 빠뜨리겠다는 협박으로 아이에게 받아들여집니다. 결코 이런 상태에서는 공부에 대한 자발적인 의욕이 생길 리가 없습니다. 설령 어쩔 수 없이 공부한다고 앉아 있는다 하더라도 투자하는 시간에 비해 능률이 오를 리가 없습니다. 공부는 더욱 힘겹고 고통스러운 일이 될 수밖에 없습니다. 그런 공부를 강요하는 부모는 또 어떤 모습으로 아이에게 각인될까요? 세상에나 웬수도 그런 웬수가 없는 것입니다.

공부에 대해 얘기할 때는 항상 즐거움이 동반되도록 신경을 쓸 필요가 있습니다. 아이에게 불만을 표하거나 혼낼 때에는 결코 공부라는 말을 쓰지 맙시다. 항상 미소와 즐거운 표정을 공부라는 단어와 연결시킵시다. 공부라는 단어를 사용하는 문장에는 항상 즐거운 단어가 함께 사용되도록 합시다. 그렇게 하면 어느 틈엔가 아이는 공부라는 단어에 기분 좋은 이미지를 결합시키게 됩니다.

"네가 공부하는 만큼 네 인생이 즐거워질 거야."

"시험도 망쳤는데, 위로할 겸 피자나 먹으러 가자."

"10문제 풀었어? 공부하느라 애썼다. 우리 아들(딸)."

공부라는 단어가 긍정적인 감정과 연합되어질수록 아이가 공부를 하게 될 확률도 높아집니다. 공부라는 단어가 부정적인 감정과 연합될수록 아이가 공부를 거부하게 될 확률도 높아집니다. 굳이 실속도 없이 부모의 화풀이를 하느라 공부라는 단어를 부정적인 감정이나 비난하는 분위기와 연합시킬 이유가 없습니다. 화풀이는 뒷산이나 골방이나 카페 등에서 다른 사람과 마주 앉아 달리 해결할 수 있는 방법을 찾도록 하십시오.

어쩔 수 없이 공부 때문에 잔소리할 상황에 처하더라도, 웃으면서 기분 좋게 이야기 하십시오. 그럴 수 있습니다. 그리고 얘기가 끝난 후에는 맛있는 것을 사 주거나, 아이가 좋아하는 운동을 함께 하거나, 아이가 친구들과 놀 수 있게 해 주십시오. 외출 금지 등의 벌을 주어야 할 상황이더라도 비난, 멸시, 냉담을 담지 않은 우호적인 분위기에서 시행하십시오. 안 됐지만 어쩔 수 없이 네가 감당할 몫이라는 느낌으로 말입니다. 그러면 아이는 공부라는 단어와 긍정적인 감정을 연결시키게 됩니다. 공부를 하고자 하는 의욕이 생길 수 있도록 하는 좋은 방법입니다.

③ 공부 많이 하는 것을 바라지 말라. 한 만큼에 감사하고 지지해 줘라.
 - 강제로 1시간 하는 것보다, 10분 자발적 집중하는 게 더 낫다.

부모의 눈에는 아이가 공부하는 시간이 항상 모자랍니다. '조금만 더하지.' 그러다 보니 아이를 향한 시선에는 항상 아쉬움이 남습니다. '아직도 좀 모자라는데…'라는 생각과는 달리 아이는 항상 '이 정도면 되지 않았나…'라는 생각을 갖고 있습니다. 이 정도면 할 만큼 한 셈이라는 아이의 판단이 영 마음에 들지 않기에 부모의 마음은 불편합니다. 부모의 그런 불편함에 대해서 아이 역시 불편해 합니다. 부모의 요구가 너무 심하다는 것입니다. 그래서 나온 말이 "맨날 공부만 하래."입니다.

부모는 공부하는 시간의 양에 민감합니다. 그래서 아이가 어떻게든 공부하는 시간의 양을 늘릴 수 있기를 기대합니다. 학교나 학원을 오고 갈 때에 차로 데려다 주는 것도 아이가 공부할 수 있는 시간을 확보해 주기 위해서입니다. 걸어서 혹은 버스나 지하철을 타고 학교나 학원을 왔다 갔다 하는 것도 시간 낭비라는 생각입니다. 오고 가는 시간을 줄여 주고 승용차에서나마 쉴 수 있게 해 주려는 게 부모의 마음입니다. 그 마음은 공부 시간을 늘려야 한다는 목표를 향해 안테나를 맞추고 있습니다.

'많이 공부하는 것'은 부모가 원하는 바입니다. 그런데 여기서 '많이'는 부모의 눈으로 쉽게 분별이 가능합니다. 그래서 부모가 원하는 대로 이끌어 갈 수도 있습니다. 아이가 공부하는 시간을 측정하고, 쓸데없이 길에다 뿌리는 시간을 줄여 주고 뭐 등등 부모의 통제나 개입이 영향력을 발휘합니다. 부모의 노력을 통해 공부 시간의 양을 늘리는 것이 어느 정도 가능하다고 부모는 믿습니다.

그러나 문제는 '공부하는 것'에 있습니다. '공부하는 것'의 실체는 부모의 눈으로 분별하기가 힘듭니다. 책상에 앉아서 책을 놓고 있는데, 부모의 눈에는 그렇게 보이는데, 아이가 정말 '공부를 하고 있는 것'이라고 단언할 수가 없다는 사실입니다. 같은 시간 동안 똑같이 앉아서 공부를 했지만, 공부를 한 정도도 서로가 다 다릅니다. 얼마나 공부에 집중하고 있는지를 알 방법이 없습니다. 같은 시간을 공부하지만 공부의 질이 다 제각각이라는 얘기입니다.

그러니 나중에 점수 나온 것을 보고서야 부모가 공부를 했니 안 했니 하고 따지는데, 아이 입장에서는 나름대로 할 만큼 했습니다. 부모가 시키는 대로 책상에 앉아서 공부를 했는데도 안되는 걸 어찌합니까? 자발적으로 한 공부는 집중력이 높아 효과가 있습니다. 하지만 부모의 강제나 외적인 압박 때문에 어쩔 수 없이 한 공부는 집중력이 낮을 수밖에 없습니다. 공부를 한다고 하지만, 건성으로 지나치기 십상입니다. 좋아서 해야 집중력도 높아질 것 아닙니까?

부모의 기대대로, 가급적 많은 시간을 공부해야 한다고 아이를 몰아세우거나 재촉하거나 눈치를 주면 아이의 공부에 대한 자발적 참여 의지는 떨어지기 마련입니다. 다른 친구를 거론하며 비교하거나, 그 정도 공부해서는 어림도 없다며 무시하거나, 더 공부해야만 할 필요성을 강조하며 압박하게 되면, 그나마 그 때까지 공부한 시간에 대한 즐거움과 자부심마저 손상되고 맙니다. 부모의 이런 대응 방식은 아이의 공부에 대한 의욕 감소를 부채질하며, 그럼으로써 아이의 공부에 대한 집중력을 떨어뜨리는 악순환 속에 빠지게 만듭니다.

　아이가 한 만큼을 충분히 인정하고 수용할 필요가 있습니다. 얼마를 공부했던 그 시간이 부모의 기대에 비추면 한심한(?) 수준이겠지만, 아이의 입장에서는 나름대로 할 만큼 한 것입니다. 이를 인정해 주고 수고했다며 격려해 줄 때, 아이는 자기가 공부한 것에 대해 즐거움과 자부심을 느끼게 되고, 부모의 이런 대응은 아이로 하여금 공부에 대한 의욕을 갖게 만들며, 그럼으로써 아이가 공부할 때에 더욱 집중할 수 있는 능력을 키워 줍니다. 이런 선순환이 되풀이되면서 아이는 서서히 공부하는 시간도 자발적으로 늘려 갈 수 있게 될 것입니다.

④ 점수 결과에 집착하지 말고(비교 판단),
　　　아이와 함께 틀린(모르는) 것을 해결하라.
　- 아이에 대한 평가(정죄)는 아이를 절망시킨다,
　　　아이를 만드신 하나님에 대한 모독이다.

　아이들이 공부가 싫은 이유 중 하나는 시험을 봐야 한다는 것입니다. 그리고 그 시험의 결과에 따라 비난이 쏟아진다는 것입니다. 물론 잘했다고 칭찬과 격려를 받는 경우도 있습니다. 하지만 칭찬과 격려는 그리 오래가지 못합니다. 1등이 되고 나면 더 이상 올라갈 데가 없으니 그 다음부터는 잘해야 1등을 유지하는 본전이고, 잘못하면 등수가 밀려서 비난을 받는 처지가 되기 때문입니다. 그러니 시험은 아무리 생각해 봐도 남는 장사가 아닙니다.

비난받을 확률이 훨씬 높은 밑지는 장사입니다. 밑지는 장사를 즐겨할 바보가 세상에 있을까요?

시험을 봐서 나온 결과에 따라 아이들은 순위가 정해집니다. 그 순위에 대한 보상 때문에 열심히 하는 아이들도 있을 수 있습니다. 대부분의 어른들은 순위를 매겨 주고 거기에 따르는 심리적, 물질적 보상을 줌으로써 아이들이 좀 더 열심히 해서 순위를 올려야 하겠다는 마음을 먹게 만들 수 있으리라 기대합니다. 그래서 아이들의 순위를 공개하기도 합니다. 공개된 자기 순위를 보고서 자랑스러워하는 애나 창피스러워 하는 애나 모두가 더 잘해야 하겠다는 긍정적 자극을 받을 것이라 부모들은 믿어 의심치 않습니다. 과연 그럴까요?

"점수가 이게 뭐냐?"라는 부모의 지적은 아이에게 반성의 계기가 되고, 아이는 좀 더 분발해서 다음번에는 부모의 지적을 안 받을 만큼 열심히 공부할 것이라고 부모들은 기대를 합니다. 이런 부모의 기대는 아이에게서 실제로 효과를 나타내고 있습니까? 대개의 경우 그렇지 않습니다. 아이는 그저 열심히 하는 척해서 부모의 지적을 피할 궁리를 한다고 보는 게 맞습니다. 잘못의 지적이나 비난은 결코 사람에게 더 열심히 해야 하겠다는 자발적이고 긍정적인 태도의 변화를 주지 않습니다. 어떤 식으로든 지적을 피할 방도를 찾는 쪽으로 생각을 하게 만듭니다.

점수를 올리는 게 목표가 되면 아이를 지적하고 비난하는 방식으로 대응할 수밖에 없습니다. 이런 대응으로는 아이가 공부를 좋아하게 만들기가 어렵습니다. 부모의 비난을 받게끔 하는 점수가, 그 점수를 나오게 만든 시험이, 그 시험을 치르게 하는 공부가 싫어질 뿐입니다. 물론 비난을 받고 싶지 않다는 마음이야 굴뚝같겠지만, 그 마음이 공부에 대한 사랑과 즐거움으로 변하지 않는다는 것이 뼈아픈 현실입니다.

　공부를 잘하게 되는 최선은 공부를 즐거워하는 것입니다. 공부가 즐거워질 수 있도록 하는 방법이 뭔가에 초점을 맞출 필요가 있습니다. 그렇다면 공부한 결과, 다시 말해서 시험 점수를 가지고 아이를 판단하는 방식(등수 매기기)을 버려야 합니다. 시험은 아이가 못하는 게 무엇인지를 알아보기 위한 것이지, 잘하는 애와 못하는 애를 순위 매겨서 비교하기 위한 것이 아닙니다. 못하는 것을 알아서 알아 가는 과정은 즐겁지만, 못하는 것에 대해 등수로 정죄하고 비난하는 것은 결코 즐거운 일이 아닙니다. 당해 본 사람은 압니다.

　시험에서 틀린 것들은 누군가에게 물어보든, 아니면 책을 찾아보든 어떤 식으로든 공부해서 아는 것으로 만들면 되는 것입니다. 그러면 성공한 겁니다. 칭찬받고 인정받을 자격이 있는 겁니다. 틀렸냐 맞았냐가 핵심이 아닙니다. 모르는 것을 알아 가는 것이 핵심입니다. 그러니 점수를 가지고 아이를 다그치는 것은 현명치 못한 화풀이에 불과합니다. 축구로 비유하자면 자살골 같은 거지요. 골은 들어갔지만, 실은 우리 편이 망해 가고 있는 겁니다.

　시험 점수에 의해 자신의 가치가 정해지고 비난받는 현실을 없애는 것만으로도 아이들의 공부에 대한 부정적인 감정을 상당히 줄일 수 있습니다. 게다가 틀린 것을 공부해서 알게 되는 순간, 그 노력을 칭찬해 주고 인정해 주면 공부한다는 것이 즐거워질 수 있는 길로 한발 더 가까워졌다고 할 수 있습니다. "이런 것도 틀렸냐?"라는 말 대신에 "같이 한번 풀어볼까?"라고 말하는 것이 얼마나 큰 변화를 가져올 수 있는지 한번 시험해 보십시오.

⑤ 아이에 대한 긍정적 기대를 항상 품어라.
 – 부모의 기대대로, 믿음대로 아이는 영향받는다.

"말이 씨가 된다."는 속담이 있습니다. 주변에서 자꾸 바보라고 하면 자기도 모르게 바보처럼 행동하게 됩니다. 잘한다고 격려해 주고 인정해 주면 정말 잘하게 됩니다. 사람은 상대가 믿어 주는 대로 따라가는 경향이 있다는 얘기입니다. 가짜 약제를 치료제라고 주면 실제 효과가 나타난다는 실험 결과도 있지 않습니까? 실제로 의사들이 그런 처방을 하기도 합니다. 환자는 전문 용어를 잘 모르기에 의사가 특별한 치료제를 준 것으로 생각하지만, 사실은 소화제나 수면제류의 간단한 약인 것이지요. 그런데 실제로 환자는 훨씬 괜찮아졌다는 느낌과 함께 실제로 치료의 효과를 가져오기도 합니다.

미국에서 있었던 실험입니다. 학기 초에 학급 학생들 중 일부를 무작위로 추출한 후, 교사에게 명단을 주고 우수한 학생들이라고 귀띔을 해 주었습니다. 한 학기가 지나고 난 후 아이들의 성적을 비교해 본 결과, 우수한 학생이라고 교사에게 말해 주었던 학생들의 성적이 다른 학생들에 비해 뛰어났습니다. 그 아이들에게 특별하게 해 준 것은 없습니다. 다만 교사는 알게 모르게 그 학생들을 대할 때마다 우수한 학생들이라는 믿음을 갖고 대했을 것입니다.

아이에 대한 얼토당토않은 기대는 오히려 아이에게 불신을 심어 줍니다. 그 기대에 진정성이 없음을 아이도 파악하고 있기 때문입니다. 이런 경우에는 부모의 위선적인 태도에 대한 거부감 때문에 더 나쁜 쪽으로 진행할 수도 있습니다. 하지만 어느 정도 현실성이 있는 긍정적인 기대는 아이에게 잘할 수 있다는 자신감을 주고, 지금보다 좀 더 잘해 보겠다는 의욕을 북돋아 줍니다.

그래서 앞에서 대놓고 "너, 참 능력 있어."라고 말하는 것보다는, 지나가는 말투로 대수롭지 않게 "우리 애가 능력이 있지."라고 말을 흘리는 것이 더 효과적입니다. 그 말에 진정성이 느껴지기 때문입니다. 더욱이 아이가 듣고 있다는 사실을 부모가 모르고 있는 것처럼 보이는 상황에서 말한 것이라면, 아이는 더욱 더 깊은 영향을 받게 됩니다. 부모의 말에 대한 신뢰도가 더욱 높아지기 때문입니다.

"공부는 안 하고 맨날 놀 궁리만 하냐?"
"우리 애는 책 읽기를 싫어해."

부모가 판단하고 던지는 말 그대로 아이는 자기를 만들어 갑니다. '공부는 안 하고 맨날 놀 궁리만 하는 아이'라는 부모의 낙인은 아이로 하여금 자기가 정말 그렇다고 믿게끔 만듭니다. 자기 스스로가 그렇다고 믿고 있는데, 그런 아이가 놀기를 접고 공부할 궁리를 하게 될 확률이 과연 얼마나 될까요? 어려서부터 작은 말뚝에 매여 있던 코끼리는 어른이 되어 힘이 세어졌음에도 불구하고 그 작은 말뚝을 뽑아 낼 엄두를 내지 못합니다. 어려서부터 못 한다고 생각하고 믿어 왔기 때문입니다.

책 읽기를 처음부터 좋아하는 아이들이 어디 있을까요? 어느 순간 책 읽는 재미를 느끼고 빠져들게 되는 것입니다. 책을 안 읽으려는 아이의 반응은 발달상 당연히 거쳐야 할 단계입니다. 그런데 부모가 "우리 애는 책을 싫어해." "책을 잘 안 읽어."라고 걱정스레 지적하게 되면, 물론 부모로서야 아이가 반성해서 책을 읽기 위해 노력하는 쪽으로 유도하기 위해서 하는 말이었겠지만, 그러한 부모의 기대와 정반대로 아이는 부모가 입으로 선언한 바 그대로를 인정하고 책을 더욱 안 읽는 단계로 점점 이행해 가거나, 지금의 상태에서 그냥 계속 머물러 있으려 합니다. 부모의 기대대로 아이가 스스로를 만들어 가는 것입니다.

그러니 함부로 아이에 대해 책을 싫어한다고 안 읽는다고 단정하지 말고, 책 읽는 재미를 느끼게 해 줄 수 있는 방법을 찾거나, 아니면 그런 시점이 올 때까지 느긋하게 인내하며 기다려 줄 줄 알아야 합니다. 아이가 책을 좋아하도록 만드는 데에는 책을 읽어 주는 것만큼 좋은 방법이 없습니다. 그리고 읽어 주는 책은 부모가 추천하고픈 소위 유익한 책이 아니라, 반드시 무엇이 되었든지 간에 아이가 좋아하는 책이어야 합니다. 무엇이든 자기가 좋아하는 것이어야 더욱 더 열심히 하게 되기 때문이니, 그러다 보면 아이는 독서하는 책의 폭도 스스로 자연스레 넓혀 가게 됩니다. 어느덧 부모가 읽히고 싶어 했던 소위 고전이라는 책들에도 아이의 손이 찾아가 있게 되는 것입니다.

12 교육에 대한 단상

사교육의 실체

부모에게 돈이 있고, 돈(사교육)으로 비교 우위를 확보할 수 있으리란 부모들의 기대가 있는 한, 공교육의 질과 상관없이 사교육 시장은 번창할 수밖에 없습니다. 아무리 공교육의 질을 높여도 그 공교육은 모든 아이에게 주어지는 것이기에 부모들로서는 결코 만족할 수가 없다는 얘기입니다. 부모의 입장에서는 자기 애가 더 잘해야 하기 때문입니다. 그러니 자기 아이가 다른 아이보다 더 잘해야 한다고 욕망하는 부모들은 늘 공교육이 문제라고 말하며 사교육에 매달릴 수밖에 없습니다. 사교육의 실체는 공교육이 누구에게나 공평하게 주어지기 때문에 생겨난 불만의 결과인 것입니다.

그런데 그런 부모들에게 있어서 진짜 문제는, 내 아이만을 위한 사교육비 투자가 대부분의 경우에 있어서 내 아이의 경쟁력을 기대한 만큼 키워 주지 못한다는 데에서 비롯됩니다. 생돈 들여서 사교육을 하나 마나 결과가 비슷하다는 게 부모로서는 큰 절망입니다. 돈은 돈대로 쓰면서 해결(성적 향상)의 기미는 보이지 않으니 더 미칠 노릇입니다. 말을 물가로 끌고 갈 수는 있지만, 강제로 물을 먹일 수는 없다는 진리를 뼈에 사무치도록 확인하는 것입니다. 그런데도 부모는 공교육이 잘못되어서 사교육을 하게 만든다고 원망을 합니다.

사실은 돈을 들여서라도 사교육을 더 많이 하는 것이 내 아이를 위하는 것이라는 부모의 생각이 문제의 궁극적 원인입니다. 그렇게만 하면 당연히 내 아이의 성적이 올라가야 한다고 믿는 것이 문제입니다. 하지만 무작정 더 많이 시키는 것은 결코 올바른 해결책이 아닙니다. 돈을 들였으니까 당연히 성적이 올라야 한다는 신념부터가 잘못된 것입니다. 돈을 들여서 사교육을 한다고 당연히 성적이 오르는 것은 아닙니다. 오를 수도 있습니다. 안 오를 수도 있습니다. 오히려 떨어질 수도 있습니다. 그냥 그 실력 그대로 갈 수도 있습니다. 대개의 경우가 그렇습니다. 사교육에 투자했던 시간만큼 스스로 열심히 했더라면 얻을 수 있는 결과 정도라고나 할까요?

아무리 물이 좋은 강가로 이끌어 가면 뭐하나 정작 당사자는 물을 먹을 의사가 없는데, 그런 아이를 미친 듯이 비싼 돈을 들여 가며 좋은 물가로 끌어다 놓고서는 나는 할 만큼 했는데 너는 왜 물을 안 먹느냐고 원망만 하고 있으니 기가 막힐 노릇입니다. 아이를 닦달하다 보면 분노만 커집니다. 왜 사교육을 해야 하는 것일까요? 학교 공부만으로는 남을 이길 수 없으니 그렇지 않은가요? 학교가 문제입니다. 사교육해서 성적이 오른 아이의 부모나, 사교육 안 하고도 성적이 오른 아이의 부모는 공교육 탓할 일도 없을 것 같습니다. 목적을 이루었으니까요. 문제는 사교육을 시도했는데 실패한 아이 부모의 경우입니다. 그저 만만한 게 학교라고 공교육을 탓할 일이 아닙니다. 아이를 탓할 일도 아닙니다. 잘못된 해결책에 혹했던 나를 탓할 일입니다.

발상을 바꾸어 봅시다. 해결책은 '무작정 더 많이'에 있는 것이 아닙니다. 자기 일을 즐겁게 열심히 하는 능력(집중력)에 있습니다. 아무리 돈을 들여 사교육을 시켜도 아이가 공부를 즐거워할 수 있게끔 바꾸어 주지 못 한다면 별 의미가 없을 수 있습니다. 물론 일시적으로 사교육을 통해 좀 더 손쉽게 도움을 얻어서 점수가 올라갈 수도 있지만, 문제는 그 반대급부로 아이의 자발적 수학 능력이 하강할 수 있다는 것입니다. 사교육에 매달리는 대신에,

만일 즐겁게 열심히 공부하는 시간을 1주일에 5분씩만 늘려 나가도록 한다고 가정하면 1년이 52주이니까 1년 후면 260분이고, 2년 후면 520분(8시간 이상)이 됩니다. 대단한 변화를 가져올 수 있습니다. 사교육에 치여서 공부가 더 싫어지고 있다면, 그보다 더 큰 손해가 어디 있겠습니까?

명문고의 실익

어디를 가든 학급 담임은 반에서 일, 이, 삼 등 하는 애들에게 (공부에 관한 한) 관심이 집중되기 마련입니다. 따라서 반에서 상위권을 형성하는 몇 명을 빼놓은 나머지 다수는 담임 교사와 수업 교사의 관심과 기대라는 울타리를 어느 정도 벗어나 있다는 얘기입니다. 어찌어찌해서 성적 좋은 아이들만 모여 있는 명문고에 들어갔다고 하더라도, 최상위권 바깥으로 밀려난 대다수의 아이들은 교사의 관심과 기대라는 강력한 수단을 통해 자기 실력을 향상시킬 수 있는 기회를 상대적으로 더 많이 박탈당하고 마는 것입니다.

현실적으로 보면 3년 동안 교사나 자신에 의해 주어질 수 있는 긍정의 효과(관심과 기대)를 빼앗겨 버리기 때문에 오히려 실력 향상에서 손해를 볼 확률이 높아집니다. 그럴 바에야 차라리 특목고를 안 보내고 일반고에 가서 반에서 일 등하면서 교사들의 관심과 격려를 독차지하며 공부하는 것이 더 낫지 않겠습니까? 그게 특목고 가서 상위권 밖으로 밀려나 교사의 무관심 속에 공부하는 것보다 학습 효과라는 측면에서 보면 훨씬 유리한 선택일 것입니다.

물론 소위 명문고 다니는 자식을 두었다는 부모의 뿌듯함과 우월감은 맛볼 수 없겠지만 그것이 대학을 보내 주는 것은 아니라는 점을 잊지 말아야 합니다. 명문고만 들어가면 아이의 실력이 향상되는 것이 아닙니다. 오히려 아이의 잠재적 가능성이 제대로 발휘 안 되는 상황에 빠질 확률이 높습니다. 그럼에도 불구하고 여전히 명문고는 명문대 입학 성적이 높습니다. 그래서 사람들은 명문고를 열망합니다. 왜 그럴까요? 교사가 잘 가르치고 학교 시스템이 좋아서일까요?

잘 생각해 보십시오. 그거야 당연한 일이 아닙니까? 잘하는 애들만 모아 왔으니 많이 들어가는 게 정상입니다. 하지만 게 중에는 일반고에 있었더라면 일류 대학 갈 학생이었는데 명문고에 와서 열등감에 빠지는 바람에 밀려 버린 다수가 있다는 사실도 잊지 말아야 합니다. 그런 아이들이 많습니다.

예전에도 그랬습니다. K고가 S고보다 명문이었습니다. 즉 지극히 단순화해서 말하자면 고등학교 입학 때까지는 K고 꼴등이 S고 1등보다 공부 잘했다는 소리입니다. 그런데 막상 3년이 지난 뒤 대학 시험을 치러 보면 K고 꼴등은 떨어졌는데 S고 1등도 붙고, 50등도 붙습니다. 입학 때 순서대로 K고가 모두 독차지하고 남은 것을 S고가 차지하는 게 아니라는 얘기입니다. 물론 K고가 S고보다 많이 차지하긴 하지만, 입학 때의 상황과 비교해 보면 K고는 오히려 장사 실적(?)이 시원치 않은 것입니다. 그러니 차라리 K고 꼴등으로 갈 바에는 S고 1등으로 가는 게 현명한 선택이라는 결론이 나올 수밖에 없습니다.

인간의 능력은 관심과 기대라는 긍정적 지지를 먹고 자랍니다. 공부 못하는 아이든 공부 잘하는 아이든 지속적으로 그 능력을 키워 주는데 있어서 주된 동력은 긍정적 격려와 관심의 양입니다. 물론 잘하지도 못하는 것을 잘한다고 말할 수는 없습니다. 하지만 잘한다는 것이 반드시 절대적 기준에 따른 판단만은 아니라는 사실을 염두에 둔다면 칭찬은 누구에게나 가능합니다. 못하는 아이지만 상대적으로 잘하는 부분이 항상 있기 때문입니다. 그 부분을 언급하면서 긍정적으로 지지해 주는 것이야말로 무기력하게 잠자고 있는 아이의 능력을 일깨우는 최선의 방법이라는 사실은 예나지금이나 변함없는 진리입니다.

교육 문제의 원인

부모에게 있어서 교육 문제는 '내 아이 일류 대학 보내기'입니다. 각 가정마다 아이의 수준에 따라 다르기는 하겠지만 어쨌든 간에 공통된 관심은 '좀 더 좋은 학교 보내기'입니다. 즉 지금 자기 아이가 처해 있는 수준(갈 수 있는 대학)보다 더 높은 수준의 대학을 보내야 하겠다는 것입니다. 거기에 뒤따라오는 것이 바로 돈 문제입니다. 아이의 수준을 높이기 위해(혹은 부모들 표현대로 하지면 남에게 뒤처지지 않게 하기 위해) 들어가는 돈이 만만치 않다는 얘기입니다. 깨진 독에 물 붓기식으로 들어가는 사교육비 때문에 생계조차 위태로워지는 상황이 벌어집니다. 사는 게 사는 게 아닌 것입니다. 그렇다고 성적이 올라가 주느냐 하면 그것도 아니고, 여기에 더 큰 절망감이 있습니다. 돈은 돈대로 들어가는데 아이의 성적은 나아질 기미를 별로 보이지 않는다는 것입니다.

하지만 교육학자들에게 있어서 교육 문제는 내 아이 일류 대학 보내기가 아닙니다. 물론 그가 학부모의 입장에 서느냐 교육학자의 입장에 서느냐에 따라 관점이 달라지긴 하겠지만 말입니다. 자기 자식 문제를 떠나서 교육학자의 입장에서만 본다면, 모든 학생들이 차별 없이 각자의 적성에 따라 적절한 교육을 받는 것이 교육의 핵심입니다. 따라서 특정한 분야(예를 들면 암기력, 영어, 수학)만을 편향적으로 집중 훈련시켜서 학생들을 서열화하는 왜곡된 교육은 경계해야 할 대상입니다. 이는 아이들을 망치는 지름길이기 때문입니다.

"교육이 문제다."라고 했을 때는 모두가 같은 입장인데, "그 문제가 도대체 뭐냐?"라고 구체적으로 따지고 들어갔을 때는 서로 입장이 달라진다는 소리입니다. 교육학자의 교육 문제는 '모든 아이에게 무엇을 어떻게 잘 가르칠 것이냐?'에 치중해 있습니다. 그러나 부모에게 있어서의 교육 문제는 '내 아이가 다른 아이를 제치고 어떻게 일류 대학에 갈 수 있을 것이냐?'에 올인하고 있습니다.

결국 자기 자식을 보다 나은 대학에 보내겠다는 부모의 욕구를 어떻게 해결할 것이냐가 한국 교육의 문제인 셈입니다. 이 말은 한국 교육의 문제는 입시 시험 제도의 문제나 공교육의 질 문제가 아님을 시사해 주고 있습니다. 일류 대학에 들어갈 사람은 한정되어 있습니다. 그 관문을 선점하기 위해 대부분의 부모들은 할 수 있는 모든 방법을 동원합니다. 아무리 입시 제도를 합리적으로 바꾸어 대도, 공교육의 질이 높아져도 그 부모들의 욕망을 모두 충족시킬 수는 없습니다. 들어가지 못한 사람들은 어떤 제도하에서도 억울하고 원통할 수밖에 없는 것입니다. 결국 대한민국 교육 문제의 유일한 해결책은 뺑뺑이가 아닐까요? 대학 평준화 말입니다.

4살부터 선행 학습 교육을 하지 않아도, 학교 과정에 따라 성실히 공부하면 풀 수 있는 문제로 대입 시험을 치르게 하는 것입니다. 동점자는 가급적 사교육의 영향을 받지 않는 요소들로 가중치를 두어서 분별합니다. 그래도 동점자가 있으면 추첨하는 거지요. 실력은 되는데 운이 안 따랐다는 생각은 명문대 신드롬을 완화시킬 것 입니다. 어차피 인생에는 운(신의 섭리)이 많은 영향을 준다는 세간의 통찰을 몸으로 깨닫는 기회(인생 공부)도 됩니다.

학력이라는 허상

후지이 겐키라는 사람이 일본 사회를 평한 글에 이런 내용이 있습니다. 1905년 러일 전쟁을 주도한 일본 지도자는 하층 무사 출신들이었다고 합니다. 그들은 밑바닥에서부터 자신들의 노력을 통해 군 수뇌부로 진출한 부류들이었습니다. 그들은 당시의 예상을 깨고 강국 러시아를 물리침으로써 한반도에서의 일본의 입지를 확고히 하였습니다.

그러나 40년 후 태평양 전쟁 시에는 상황이 달랐습니다. 일본의 군을 주도하는 수뇌부가 바뀐 것입니다. 정규 교육 과정을 거치고 아주 어려운 필기 시험을 통해 정상으로 진출한, 실전의 경험이 없는 수재들이 전쟁을 주도하고 있었습니다. 러일 전쟁의 승리와 태평양 전쟁 패배는 전쟁을 주도하는 수뇌들의 차이에서 비롯되었다고 그는 말합니다.

태평양 전쟁 당시 연합국 수뇌들은 일본군이 전혀 위협적인 존재가 되지 못한다고 판단했습니다. 일본군 수뇌부가 수립한 전략들은 모두 패턴이 비슷했고, 한 번 실패해도 여전히 같은 식의 작전으로 대응해 왔기 때문입니다. 그들은 사관 학교에서 줄창 외우고 익혀서 시험 치른 것 이외의 작전은 시도하지 않았던 모양입니다. 자신들이 시험을 통해 실력을 입증받은 전략만이 절대적으로 옳다고 믿었기 때문에 그들은 자신들의 작전을 근본적으로 재검토할 필요를 느끼지 못했던 것입니다.

재미있는 현상은 때때로 장교들이 부족할 때면 하사관들이 장교의 임무를 대행하기도 했는데, 오히려 그런 경우에 연합군 측이 다소 피해를 더 입었다고 합니다. 현장의 변화에 따라 자신의 대응 방식을 바꾸어 갈 수 있는 능력이 있었기 때문입니다. 현장에서 실패했음에도 불구하고 여전히 학교에서 배운 이론을 포기하지 않고 되풀이할 수밖에 없는 시험형 인간은 실제 현장에서 패하기 쉽습니다. 배운 것에 대한 숭상과 권위 의식 때문에 현실을 방기하는 경우가 많기 때문입니다. 필기시험이라는 하나의 척도로 인간의 진정한 능력을 측정할 수는 없습니다. 삶의 현장은 너무도 다양하게 변화해 가고 있기에 그러합니다.

점수 따기 이외의 다른 능력을 검증받아 본 적이 없는 '무능한 학벌'이 '슈퍼 능력'을 가장해 나라를 갉아먹는 그런 사회는 쇠퇴와 몰락의 길을 갈 수밖에 없습니다. 발전하기 위해 끊임없이 자기를 계발하고 도전해야 할 이유가 전혀 없기에 그러합니다. 시험을 통해 자리를 차지한 자는 어차피 그 자리가 보장되니까 적당히 놀고먹어도 되고, 시험에서 한 번 실패하여 자리를 차지하지 못한 자는 노력해 봐야 바꿀 수 없으니까 아예 포기해 버리고... 고3 때 점수가 우리 인생을 결정짓는다는 이 시대의 종교는 정말 실효성이 있는 것일까요? 이것이 바로 우리 사회가 직면하고 있는 교육 문제의 진짜 핵심입니다.